DIREITO ELETRÔNICO

Lei 11.419/2006

Dicas para realização de provas com questões de concursos e jurisprudência do STF e STJ inseridas artigo por artigo.

Cátia Regina Raulino

Doutoranda em Administração Tributária na Universidade Federal da Bahia;
Mestre em Direito Tributário pela Universidade Federal de Santa Catarina;
Especialista em Direito Eletrônico pela Universidade Estácio de Sá/RJ.

DIREITO ELETRÔNICO

Lei 11.419/2006

Dicas para realização de provas com questões de concursos e jurisprudência do STF e STJ inseridas artigo por artigo.

2016

EDITORA *Jus*PODIVM

www.editorajuspodivm.com.br

EDITORA *Jus*PODIVM
www.editorajuspodivm.com.br

Rua Mato Grosso, 175 – Pituba, CEP: 41830-151 – Salvador – Bahia
Tel: (71) 3363-8617 / Fax: (71) 3363-5050
• E-mail: fale@editorajuspodivm.com.br

Copyright: Edições *Jus*PODIVM

Capa: Rene Bueno e Daniela Jardim *(www.buenojardim.com.br)*

Diagramação: Cendi Coelho *(cendicoelho@gmail.com)*

Fechamento desta edição: 10.11.2015

Agradecimentos

Aos meus pais por me permitirem ter
total acesso à melhor de todas as ferramentas:
A educação. Ao meu querido Adriano,
pelo incentivo e apoio.

SUMÁRIO

Proposta da Coleção *Leis Especiais para Concursos*

A coleção *Leis Especiais para Concursos* tem como objetivo preparar os candidatos para os principais certames do país.

Pela experiência adquirida ao longo dos anos, dando aulas nos principais cursos preparatórios do país, percebi que a grande maioria dos candidatos apenas leem as leis especiais, deixando os manuais para as matérias mais cobradas, como constitucional, administrativo, processo civil, civil, etc... Isso ocorre pela falta de tempo do candidato ou porque faltam no mercado livros específicos (para concursos) em relação a tais leis.

Nesse sentido, a Coleção *Leis Especiais para Concursos* tem a intenção de suprir uma lacuna no mercado, preparando os candidatos para questões relacionadas às leis específicas, que vêm sendo cada vez mais contempladas nos editais.

Em vez de somente ler a lei seca, o candidato terá dicas específicas de concursos em cada artigo (ou capítulo ou título da lei), questões de concursos mostrando o que os examinadores estão exigindo sobre cada tema e, sobretudo, os posicionamentos do STF, STJ e TST (principalmente aqueles publicados nos informativos de jurisprudência). As instituições que organizam os principais concursos, como o CESPE, utilizam os informativos e notícias (publicados na página virtual de cada tribunal) para elaborar as questões de concursos. Por isso, a necessidade de se conhecer (e bem!) a jurisprudência dos tribunais superiores.

Assim, o que se pretende com a presente coleção é preparar o leitor, de modo rápido, prático e objetivo, para enfrentar as questões de prova envolvendo as leis específicas.

Boa sorte!

Leonardo de Medeiros Garcia
(Coordenador da coleção)
leonardo@leonardogarcia.com.br
leomgarcia@yahoo.com.br
www.leonardogarcia.com.br

Lei 11.419/2006
Direito Eletrônico

É de ampla sabença, que desde a promulgação da Constituição Federal de 1988, vem o Brasil a trilhar um caminho de amadurecimento democrático, fortalecimento das instituições públicas e perfectibilização dos direitos e deveres implícitos à cidadania. Tais transformações, somadas ao aumento do número de demandas judiciais, instrumentalização fiscalizatória do cidadão e estabelecimento de metas de produtividade, apresentaram ao Poder Judiciário, diante do inevitável processo de virtualização e conectividade global, a necessidade de aperfeiçoamento das suas engrenagens e modernização das suas ferramentas de atuação, à luz dos princípios constitucionais da eficiência e celeridade dos atos.

Diante deste contexto e da implacável inserção dos recursos digitais ao meio jurídico, fez-se essencial ao legislador ordinário a normatização de regras e procedimentos aptos a regular este casamento entre o Direito e a Tecnologia da Informação, bem como o fruto deste relacionamento: **O processo judicial eletrônico**.

A edição da Lei n.º 11.419/2006 marca de forma indelével a afirmação definitiva de uma nova fase no cenário forense pátrio, à qual denominamos de Era Jurídico-Digital, que, sem dúvida, demanda dos atores envolvidos nesta seara a necessária capacitação tecnológica e verticalização no estudo do ramo que encabeçará a construção deste novo paradigma, o Direito Eletrônico.

Em face da breve contextualização narrada, não nos parece surpresa que as principais organizadoras de Concursos Públicos do país tenham debruçado seu olhar sob as peculiaridades da Lei n.º 11.419/2006 e movimentos jurisprudenciais que a circundam, cobrando-a em diversos certames, a nosso ver, como elemento diferenciador para aprovação, haja vista a escassez de material específico apto ao seu estudo e a pouca importância cedida por muitos aspirantes à carreira pública aos seus desdobramentos.

Na esteira da coleção que compõe, intenciona o presente livro colaborar com o aprendizado pragmático e direto dos principais artigos da Lei n.º 11.419/2006 à luz da análise de questões selecionadas em atuais concursos públicos e, quando existente e relevante, do posicionamento dos Tribunais Superiores sobre o tema.

CAPÍTULO I
DA INFORMATIZAÇÃO DO PROCESSO JUDICIAL

"Art. 1º O uso de meio eletrônico na tramitação de processos judiciais, comunicação de atos e transmissão de peças processuais será admitido nos termos desta Lei.

§ 1º Aplica-se o disposto nesta Lei, indistintamente, aos processos civil, penal e trabalhista, bem como aos juizados especiais, em qualquer grau de jurisdição.

§ 2º Para o disposto nesta Lei, considera-se:

I – **meio eletrônico** qualquer forma de armazenamento ou tráfego de documentos e arquivos digitais;

II – **transmissão eletrônica** toda forma de comunicação a distância com a utilização de redes de comunicação, preferencialmente a rede mundial de computadores;

III – **assinatura eletrônica** as seguintes formas de identificação inequívoca do **signatário:**

a) assinatura digital baseada em **certificado digita**l emitido por **Autoridade Certificadora** credenciada, na forma de lei específica;

b) mediante cadastro de usuário no Poder Judiciário, conforme disciplinado pelos órgãos respectivos."

1. **A Lei 11.419/06 e sua leitura:** De pronto, é importante esclarecer, que a leitura da Le n.º 11.419/2006 e, consequentemente, a sua interpretação, deverá sempre ser efetuada em conjunto com os respectivos Códigos de Ritos e Leis de natureza processual (ex. CPC, CPP, Lei n.º 9.099/95, etc), sanando-se, desta forma, quaisquer lacunas apresentadas.

2. **A lei 11.419/06 e os Tribunais:** Cada Órgão terá resolução própria referente aos procedimentos internos e formas de comunicação, logicamente, à luz dos ditames dispostos na Lei n.º 11.419/2006.

3. **Diferenciação entre meio eletrônico, transmissão eletrônica e assinatura eletrônica:** Percebe-se no § 2.º, incisos I, II e III, do artigo em comento, a clarividente preocupação do legislador em conceituar terminologias até então desconhecidas, ou ao menos pouco usuais, do universo jurídico, utilizando-o como premissa conceitual ao estudo da presente Lei, pelo que merece destacada atenção!

4. **Da Assinatura Eletrônica:** É possível identificar, nas alíneas **a** e **b,** do inciso III, que a **assinatura digital** e o **cadastro de usuário no Poder Judiciário** são espécies complementares do gênero "Assinatura Eletrônica", pelas quais irá o signatário ser identificado. Ou seja caro leitor, conforme nos-

so entendimento, para que uma "Assinatura Eletrônica" seja válida, à luz dos ditames dispostos na Lei n.º 11.419/06, será necessário que ambos os critérios elencados sejam satisfeitos, devendo, portanto, o usuário deter tanto a assinatura digital, baseada em certificado digital emitido por Autoridade Certificadora credenciada, quanto o cadastro no Órgão Judiciário em que irá peticionar. Ressalte-se, que para assinar digitalmente um documento será necessário ao Signatário se utilizar de um *token* (dispositivo físico USB ou cartão em que está contido o certificado digital), enquanto para acessar ao cadastro do Órgão Judicial apenas de um *login* e de uma senha. Como exemplos de sistemas judiciais que utilizam a "Assinatura Eletrônica", nos termos destacados acima, temos o E-SAJ/TJSP, E-SAJ/TJBA e Pje. Ultrapassada a distinção entre meio eletrônico, transmissão eletrônica e assinatura eletrônica, conceitos basilares e imprescindíveis à compreensão legal, trouxe o legislador, no inciso III, alínea a, do art. 1.º, outros 02 (dois) termos fundamentais ao estudo da norma, que adiante trataremos, quais sejam: **Certificado digital** e **Autoridade Certificadora**.

5. **A certificação digital** A certificação digital é um dos pontos chaves para a correta utilização do processo eletrônico e sem a qual restará inviabilizada a atuação do profissional do direito. Através dela, os advogados públicos e privados, presentantes do Ministério Público, defensores públicos poderão transmitir eletronicamente suas manifestações processuais, de forma segura e devidamente identificadas com data e horário no Observatório Nacional.

6. **A OAB como autoridade certificadora:** Ressalte-se, que a própria OAB atualmente já é uma autoridade certificadora legalizada pela ICP – Brasil, o que facilitou de maneira considerável o acesso dos advogados ao certificado, sobretudo àqueles localizados nas cidades do interior do país.

7. **Autoridade Certificadora:** Sempre que a Lei n.º 11.419/06 fizer referência ao termo "autoridade certificadora" estará se referindo a órgãos com autorização da ICP-Brasil para a emissão de certificados digitais. A Infraestrutura de Chaves Públicas Brasileira (ICP-Brasil) é uma cadeia hierárquica e de confiança que viabiliza a emissão de certificados digitais para identificação virtual do cidadão. Observa-se, que dentre os modelos existentes, como por exemplo A1, A2, A3, A4, o Brasil adotou aquele ao qual podemos denominar "certificação com raiz única", desempenhando o ITI (Instituto Tecnológico da Identificação) além do papel de Autoridade Certificadora Raiz (AC-Raiz), as funções de credenciar e descredenciar os demais participantes da cadeia, supervisionar e fazer auditoria dos processos de credenciamento de autoridades certificadoras.

8. **Características Técnicas do Certificado Digital:** O Certificado Digital traz consigo em seu bojo, normalmente, as seguintes informações:

- A *Chave Pública*;
- O nome e endereço de *e-mail* do proprietário;
- Data de validade da chave pública;
- Nome da companhia (autoridade certificadora que emitiu o Certificado Digital);
- Número de série do Certificado Digital;
- Assinatura digital da autoridade certificadora;

► **Importante:** Não confundir os conteúdos do certificado digital, destacados acima, com os metadados, que podem ser definidos como "dados sobre dados", ou seja, informações sobre os conteúdos do certificado digital.

→ **Aplicação em Concurso**

Tribunal de Justiça do Estado de Goiás – Analista Judiciário – 2014 – FGV

Para o registro de validação de assinatura digital de um documento de acordo com seu certificado digital, os metadados devem registrar as seguintes informações:

a) data da validação, agente responsável pela validação, identificação de verificação;
b) tipo de recurso de autenticação, identificação da verificação, data da validação, resultados da validação;
c) identificação da validação, data da validação, resultados da verificação;
d) identificação da validação, data da validação, agente responsável pela validação, resultados da validação;
e) identificação da decifração, data da verificação, agente responsável pela validação e resultados da validação

Resultado: D

► **STJ e a identificação digital:**

"ADMINISTRATIVO E PROCESSUAL CIVIL. AGRAVO REGIMENTAL NOS EMBARGOS DEDECLARAÇÃO EM AGRAVO DE INSTRUMENTO. AUSÊNCIA DE IDENTIDADE ENTRE O AUTOR DA PETIÇÃO ELETRÔNICA E O TITULAR DO CERTIFICADO DIGITAL. ART. 1º E 18 DA LEI 11.419/2006. ARTS. 18, § 1º. E 21, I DA RESOLUÇÃO1/2010 DO STJ.

Considerar-se-á inexistente a petição que seja subscrita por advogado cuja identidade não corresponda com a do titular do certificado digital, em face do descumprimento do disposto nos arts. 1º, § 2º, III, e 18 da Lei 11.419/2006 e dos arts. 18, § 1º, e 21, Ida Resolução 1/2010, do Superior Tribunal de Justiça (EDcl no AgRgno REsp. 898.285/SP, Rel. Min. RICARDO VILLAS BÔAS CUEVA, Dje 07.02.2012)".

9. **A assinatura digital:** O método de assinatura digital é uma forma eficaz de garantir a autoria e autenticidade de documentos eletrônicos. Como já mencionado, foi por meio da Medida Provisória n.º 2.200/2001, que, dentre outras providências, instituiu a Infraestrutura de Chaves Públicas Brasileira (ICP-Brasil) , que o Governo Federal garantiu a validade jurídica de documentos eletrônicos e a utilização de certificados digitais para atribuir autenticidade e integridade aos documentos, o que, por via de consequência, também conferiu validade jurídica à **assinatura digital.**

10. **A pessoalidade da Certificação Digital:** Diferente do que ocorre em alguns sistemas, como por exemplo o PROJUDI, utilizados por diversos Tribunais em seus juizados, a certificação digital é pessoal e intransferível, razão pela qual, o documento enviado eletronicamente somente produzirá efeitos caso o profissional do direito cadastrado nos autos eletrônicos seja o dono do certificado utilizado para a transmissão das respectivas peças jurídicas.

11. **Os documentos Eletrônicos e sua legalidade:** Conforme visto, os documentos eletrônicos enviados de forma correta e com a utilização da assinatura eletrônica pessoal e intransferível do signatário são considerados legais e originais.

► **OBS:** Destaque-se, como veremos mais a frente, que alguns documentos físicos precisarão ser guardados pela parte até o trânsito em julgado do processo.

→ **Aplicação em Concurso**

CONSULPLAN – 2012 – TSE – Analista Judiciário – Área Judiciária

"Os documentos produzidos eletronicamente e juntados aos processos eletrônicos com garantia da origem e de seu signatário, na forma estabelecida na Lei nº 11.419/2006, serão considerados originais para todos os efeitos legais."

Resposta: Certo.

► **OBS:** Destaque-se, como veremos mais a frente, que alguns documentos físicos precisarão ser guardados pela parte até o trânsito em julgado do processo.

---

12. A assinatura digital e Identificação Inequívoca do Peticionante: A assinatura digital, através de sua chave eletrônica criptografada, é o meio capaz de realizar a identificação inequívoca do responsável pelo peticionamento ou documento eletrônico apresentado/produzido nos autos digitais, conferindo-os, consequentemente, a validade jurídica necessária.

▶ **Importante:** Não confunda assinatura digital com assinatura digitalizada! A primeira é a referida no artigo e contemplada pela norma, enquanto a segunda se refere à mera digitalização, em *scanner*, de assinatura exarada em folha de papel.

---

13. A utilização por Signatário diverso ao autorizado: Caso haja a utilização de um certificado digital por um representante distinto daquele devidamente autorizado no processo, a petição protocolizada não será reconhecida como parte integrante dos respectivos autos digitais, podendo inclusive, no caso de um recurso, gerar o seu não conhecimento.

▶ **STJ e Assinatura Digitalizada**

> "AGRAVO REGIMENTAL. AÇÃO PENAL ORIGINÁRIA. PROTOCOLO E ASSINATURA DO RECURSO POR MEIO ELETRÔNICO. ADVOGADO TITULAR DO CERTIFICADO DIGITAL QUE NÃO POSSUI PROCURAÇÃO NOS AUTOS. RECURSO INEXISTENTE. SUM.115/STJ.
>
> (...)
>
> 2. A opção pela utilização do meio eletrônico de peticionamento implica na vinculação do advogado titular do certificado digital ao documento chancelado, considerando-se-o, para todos os efeitos, o subscritor da peça. Precedentes.
>
> 3. Não tem valor eventual assinatura digitalizada, de outro advogado, que venha constar da peça encaminhada e assinada eletronicamente, mesmo que este possua procuração, dada a impossibilidade de aferição de sua autenticidade e também porque essa modalidade de assinatura – de fácil reprodução por qualquer pessoa no âmbito digital – não possui qualquer regulamentação legal." (AgRg na APn 675/GO, Rel. Ministra NANCY ANDRIGHI, CORTE ESPECIAL, julgado em 03/12/2014, DJe 12/12/2014).

→ **Aplicação em Concurso**

- *Imprensa Oficial/SP 2010 – VUNESP – Advogado*

Com a nova Lei de Processo Eletrônico (Lei n.º 11.419/2006), em que os atos processuais passam a ocorrer através da via digital, no tocante à identificação inequívoca do signatário, pode-se dizer que:

a) não há como obter identificação alguma do signatário pela via eletrônica.

b) é necessário o uso de uma senha simples, não sigilosa, independentemente de prévio cadastro junto ao Poder Judiciário.

c) a Lei do Processo Eletrônico não permite o envio de petições pela via digital, somente a consulta de andamentos, por isso não há necessidade de definir um procedimento de identificação.

d) não há nenhum procedimento a ser seguido, basta o advogado acessar o sistema e colocar seu número de OAB.

e) através do uso de assinatura digital baseada em certificado digital emitido por Autoridade Certificadora credenciada pela ICP-Brasil.

Resposta: E

14. **Validade do Certificado:** Somente possuem validade dos certificados emitidos por autoridades com autorização pela ICP-Brasil.

> "**Art. 2º** O envio de petições, de recursos e a prática de atos processuais em geral por meio eletrônico serão admitidos mediante uso de **assinatura eletrônica**, na forma do art. 1º desta Lei, sendo obrigatório o credenciamento prévio no Poder Judiciário, conforme disciplinado pelos órgãos respectivos.
>
> § 1º O **credenciamento** no Poder Judiciário será realizado mediante procedimento no qual esteja assegurada a adequada identificação presencial do interessado.
>
> § 2º Ao credenciado será atribuído registro e meio de **acesso ao sistema**, de modo a preservar o sigilo, a identificação e a **autenticidade** de suas comunicações.
>
> § 3º Os órgãos do Poder Judiciário poderão criar um **cadastro único** para o credenciamento previsto neste artigo."

1. **O Cadastro único:** Atualmente, a OAB nacional desenvolveu um Banco Nacional de Advogados. Esta alternativa busca facilitar o exercício da profissão, evitando, portanto, que o causídico tenha que se cadastrar sempre que precisar peticionar em um Tribunal distinto do local em que é registrado na Ordem dos Advogados. Desta forma, protocolizada uma petição inicial em determinado Tribunal, imediatamente e de forma autônoma, o banco de dados do sistema judicial da respectiva Corte acessará o Banco Nacional de Advogados, cadastrando, automaticamente, aquele profissional não previamente registrado naquela localidade.

Ressalve-se, entretanto, que em muitos Tribunais este dispositivo ainda se encontra em fase de testes.

2. **O documento Eletrônico versus o FAX:** É importante compreender, que "documento eletrônico" é todo aquele enviado pela rede mundial de computadores de forma eletrônica. O documento enviado por FAX possui regulamentação própria e não é considerado documento eletrônico.

3. Para que seja considerado eletrônico, o conteúdo do documento via FAX deve ser digitalizado e eletronicamente peticionado no processo eletrônico.

4. A questão é de grande repercussão no universo jurídico, haja vista a existência de corrente doutrinária que defende a equiparação do documento enviado por FAX aos documentos eletrônicos, posição rechaçada pelo Superior Tribunal de Justiça.

► **STJ e a Polêmica "Documento Eletrônico x Fax"**

> "AGRAVO REGIMENTAL EM RECURSO ORDINÁRIO EM MANDADO DE SEGURANÇA. INTEMPESTIVIDADE. INTERPOSIÇÃO VIA FAC-SÍMILE FORA DO HORÁRIO DE EXPEDIENTE FORENSE.
>
> - Revela-se intempestivo o agravo regimental protocolizado nesta Corte, mediante fac-símile, um dia após o encerramento do prazo legal de cinco dias. – Além de não comprovado pelo agravante, no caso concreto, que o regimental foi protocolizado no último dia do prazo, às 21:00h, a jurisprudência desta Corte é firme no sentido de ser intempestivo o recurso transmitido por fac-símile no último dia do prazo recursal após o expediente forense. Agravo regimental não conhecido." (AgRg no RMS 32.430/MG, Rel. Ministro CESAR ASFOR ROCHA, SEGUNDA TURMA, julgado em 22/02/2011, DJe 18/03/2011).

5. **A criptografia da Assinatura Digital:** A criptografia assimétrica utiliza 02 (duas) chaves: uma pública e outra privada. Nesse sistema, alguém cria uma **chave pública** e envia essa chave para aquele que receberá a informação. Com ela é feita a codificação da mensagem. Para decodificação será necessário utilizar outra chave que deve ser criada, a **chave privada**, que, ressalte-se, deverá ser mantida sob sigilo.

6. **O certificado Digital e a Segurança das Informações:** Os algoritmos criptográficos de chave pública permitem garantir tanto a confidencialidade quanto a autenticidade das informações protegidas. Isso porque, caso o emissor da informação queira manter o sigilo sobre o seu conteúdo, deverá utilizar a chave pública do destinatário para cifrar a informação, tornando-se imprescindível que o destinatário a disponibilize por meio de um **certificado digital.**

→ **Aplicação em Concurso**

- *CESPE 2013 – TCE-RO Analista*

  Julgue os próximos itens a respeito de segurança da informação.

  Assinatura digital é um mecanismo capaz de garantir a autenticidade e a integridade de um arquivo transferido via Internet .

  Resposta: Certo.

> "**Art. 3º** Consideram-se realizados os **atos processuais** por meio eletrônico no dia e hora do seu envio ao sistema do Poder Judiciário, do que deverá ser fornecido **protocolo eletrônico.**
>
> Parágrafo único. Quando a petição eletrônica for enviada para atender **prazo processual, serão consideradas tempestivas as transmitidas até as 24 (vinte e quatro) horas do seu último dia.**"

1. **O horário limite para o envio das petições:** A Lei 11.419/06 trouxe consigo a possibilidade do peticionante protocolizar o seu documento até a 00 hora – ou 24 horas – do último dia do prazo estipulado, o que, certamente, representa uma vantagem aos profissionais do direito, que não mais estarão restritos ao horário do expediente forense, trânsito, senhas e transtornos diversos para cumprimento dos seus deveres.

   → **Aplicação em Concurso**

   - *TRT 8.ª Região – 2010 – FCC ANALISTA JUDICIÁRIO*

     Segundo a Lei n.º 11.419/2006, consideram-se realizados os atos processuais por meio eletrônico no dia e hora do seu envio ao sistema do Poder Judiciário, do que deverá ser fornecido protocolo eletrônico. Quando a petição eletrônica for enviada para atender prazo processual, serão consideradas tempestivas as transmitidas até as:

     a) 18 horas do seu último dia.

     b) 18 horas e 30 minutos do seu último dia.

     c) 19 horas do seu último dia.

     d) 24 horas do seu último dia.

     e) 22 horas do seu último dia.

     REPOSTA: D

2. **O Protocolo Eletrônico:** De acordo com a Lei n.º 11.419/06, os atos processuais que se submetam ao cumprimento de prazo por meio de petição eletrônica serão considerados tempestivos, quando promovidos até as 24 horas do último dia do prazo. Vale explicar, que petição eletrônica "promovida" é aquela com protocolo eletrônico de recebimento, com dia e hora de seu envio ao sistema disponibilizado pelo Poder Judiciário

em que foi apresentada, nos termos do art.. 3º *in verbis*: "Consideram-se realizados os **atos processuais** por meio eletrônico no dia e hora do seu envio ao sistema do Poder Judiciário, do que deverá ser fornecido **protocolo eletrônico**" .

→ Aplicação em Concurso

- *IBFC – 2014 – TRE-AM – Analista Judiciário – Área Administrativa*

De acordo com a Lei Federal nº 11.419/2006, que dispõe sobre a informatização do processo judicial, assinale a alternativa CORRETA:

a) A informatização prevista na lei em questão não se aplica ao processo penal.

b) Consideram-se realizados os atos processuais por meio eletrônico no dia e hora do seu envio ao sistema do Poder Judiciário, do que deverá ser fornecido protocolo eletrônico.

c) A petição eletrônica enviada para atender prazo processual, será considerada tempestiva se transmitidas até o horário do término do expediente forense do último dia do prazo.

d) Considera-se transmissão eletrônica toda forma de comunicação a distância com a utilização, exclusivamente, da rede mundial de computadores.

Resposta: B

3. **A indisponibilidade do sitio:** Importante consignar, que caso haja alguma indisponibilidade ou instabilidade do *site* do Tribunal no decorrer do prazo, deverá o Ente Judicial obrigatoriamente disponibilizar uma certidão eletrônica, com intuito, inclusive, de ajustar o prazo processual.

4. **A indisponibilidade e Instabilidade Programada e Não-Programada:** Em caso de indisponibilidade **programada**, o próprio Ente Judicial ajustará os prazos. Em caso de indisponibilidade ou instabilidade **não-programada**, caberá ao usuário peticionante se utilizar da certidão eletrônica disponibilizada pelo Tribunal para requerer a correção do prazo.

5. **Os prazos processuais e o horário forense:** Não há ligação entre os horários forenses e os prazos processuais eletrônicos, sendo possível ao profissional do direito realizar peticionamentos todos os dias, a qualquer hora, estendendo-se, conforme dito em pontos anteriores, a derradeira possibilidade de cumprimento prazal até as 00 hora do último dia contabilizado, respeitadas as disposições processuais sobre tema.

→ **Aplicação em Concurso**

- *CESPE – 2009 – PGE-PE – Procurador de Estado*

  A respeito dos atos processuais transmitidos por fax e do processo eletrônico, assinale a opção correta.

a) Interposta petição de apelação por fax, no curso do prazo, inicia-se, nessa data, a contagem do quinquídio para entrega do original em juízo.

b) Deve ser considerada tempestiva apelação transmitida por meio eletrônico, se a transmissão ocorrer até o último minuto do último dia do prazo, ainda que se tenha encerrado o expediente forense.

c) No âmbito do processo civil, ao contrário das intimações, a citação da fazenda pública não pode ser efetuada por meio eletrônico, sob pena de nulidade.

d) Considera-se praticado o ato processual eletrônico no dia seguinte ao do seu envio ao sistema do Poder Judiciário.

e) Se a petição com pedido de tutela antecipada for transmitida por fax, o juiz somente deverá apreciar o pedido após a entrega do original, haja vista a efetividade de tal provimento.

Resposta: B

- *STM 2011 – CESPE – Analista Judiciário – Judiciária*

  A respeito da repercussão geral da questão constitucional, da informatização do processo judicial e das resoluções do STM quanto à petição por fax, julgue os itens subsequentes:

  No processo eletrônico, quando o ato processual tiver de ser praticado em determinado prazo, por meio de petição eletrônica, ele será considerado tempestivo se for efetivado até as 24 horas do último dia do prazo.

  Resposta: Certo

CAPÍTULO II
DA COMUNICAÇÃO ELETRÔNICA DOS ATOS PROCESSUAIS

"Art. 4º Os tribunais poderão criar **Diário da Justiça eletrônico**, disponibilizado em sítio da rede mundial de computadores, para **publicação** de atos judiciais e administrativos próprios e dos órgãos a eles subordinados, bem como comunicações em geral.

§ 1º O sítio e o conteúdo das publicações de que trata este artigo deverão ser **assinados digitalmente** com base em **certificado** emitido por Autoridade Certificadora credenciada na forma da lei específica.

> § 2º A publicação eletrônica na forma deste artigo substitui qualquer outro meio e publicação oficial, para quaisquer efeitos legais, à exceção dos casos que, por lei, **exigem intimação ou vista pessoal.**
>
> § 3º Considera-se como data da publicação o **primeiro dia útil** seguinte ao da **disponibilização** da informação no Diário da Justiça eletrônico.
>
> § 4º Os prazos processuais terão início no **primeiro dia útil** que seguir ao considerado como data da **publicação.**
>
> § 5º A criação do Diário da Justiça eletrônico deverá ser acompanhada de ampla divulgação, e o ato administrativo correspondente será publicado durante 30 (trinta) dias no diário oficial em uso."

1. **Os Tribunais e o Diário da Justiça Eletrônico:** A Lei autorizou a criação dos diários da justiça eletrônicos (DJe), para as publicações internas e externas, inexistindo dúvida, portanto, quanto ao atendimento pelo Processo Eletrônico do constitucional princípio da publicidade.

2. **A Publicação e a Disponibilização:** Trata-se a "disponibilização" do ato de enviar o documento ao diário para publicação, sendo o conteúdo já previamente conhecido. A "publicação", por sua vez, é o ato de tornar público o documento disponibilizado ao diário de Justiça Eletrônico. Importante dizer, que não há quaisquer dúvidas quanto à contagem dos prazos processuais no processo eletrônico, visto que, como no processo físico, estes se iniciarão no primeiro dia útil posterior à publicação.

   Exemplo: **Disponibilizado** o documento eletrônico pelo Juízo ao Diário da Justiça Eletrônico no dia **01/06/2015** (segunda-feira), será aquele considerado **publicado** no dia **02/06/2015** (terça-feira), iniciando-se, portanto, o **prazo** no dia **03/06/2015** (quarta-feira).

▶ STJ, STF e a Publicação no Processo Eletrônico

> "PENAL E PROCESSUAL PENAL. HABEAS CORPUS. CRIME DE INCÊNDIO. ART. 250, § 1º, II, h, (TRÊS VEZES) c/c ART. 71 DO CÓDIGO PENAL. RECURSO TEMPESTIVAMENTE INTERPOSTO. INÉRCIA OU DESÍDIA DO ADVOGADO CONSTITUÍDO PELA DEFESA. NÃO COMPROVAÇÃO DE AUSÊNCIA DE DEFESA TÉCNICA, CASO FORTUITO, FORÇA MAIOR OU ERRO DA MÁQUINA JUDICIÁRIA. DEVOLUÇÃO DO PRAZO RECURSAL. IMPOSSIBILIDADE. (...) ORDEM DENEGADA
>
> (...)

In casu, a decisão que inadmitiu o recurso especial foi **disponibilizada no Diário de Justiça Eletrônico em 12.06.12 (terça-feira), considerando-se, portanto, como data da publicação o dia 13.06.12 (quarta-feira). A contagem do prazo recursal iniciou-se, então, no dia 14.06.12 (quinta-feira) e terminou em 18.06.12 (segunda-feira).** O agravo, contudo, somente foi interposto no dia 22.06.12 (sexta-feira). Daí sua intempestividade." (STF, HC 119300, Relator(a): Min. LUIZ FUX, Primeira Turma, julgado em 13/05/2014, PROCESSO ELETRÔNICO DJe-105 DIVULG 30-05-2014 PUBLIC 02-06-2014 –);

(...)

2.- No caso concreto, por meio da cópia da publicação efetivada no próprio Diário da Justiça Eletrônico n. 1468 (e-STJ fls. 22), é possível aferir-se o teor da decisão agravada **e a da data de sua disponibilização – "sexta-feira, 31/8/2012". Assim, conforme dispõe o artigo 4º, § 3º, da Lei 11.419/2006, que regra o processo eletrônico, a publicação deve ser considerada no primeiro dia útil seguinte que, no caso, seria segunda-feira, dia 3/9/2012, o que demonstra a tempestividade do agravo de instrumento protocolado em 13/9/2012**, como se vê do carimbo de e-STJ fls. 2. (...)" (STJ, REsp 1409357/SC, Rel. Ministro SIDNEI BENETI, SEGUNDA SEÇÃO, julgado em 14/05/2014, DJe 22/05/2014 –).

→ Aplicação em Concurso

- *PGE – AM – Procurador do Estado – Banca: FCC – Ano: 2010*

No processo em que se usa meio eletrônico na comunicação de atos, observar-se-á a seguinte regra:

a) considera-se como data da publicação o primeiro dia útil seguinte ao da disponibilização da informação no Diário da Justiça eletrônico e os prazos processuais terão início no primeiro dia útil que se seguir ao considerado como data da publicação.

b) os prazos processuais terão início cinco dias após a disponibilização da informação no Diário de Justiça eletrônico.

c) considera-se como data da publicação o dia da disponibilização da informação no Diário da Justiça eletrônico e os prazos processuais terão início no primeiro dia útil que se seguir.

d) as cartas precatórias, rogatórias e de ordem não poderão ser feitas por meio eletrônico.

e) a publicação eletrônica substitui qualquer outro meio de publicação oficial e também as intimações ou vista pessoais, que a lei determinar.

Resposta: A

3. **A assinatura digital das Publicações:** Segundo o artigo, o conteúdo das publicações deverá ser assinado digitalmente com base em certificado emitido por Autoridade Certificadora. Destaque-se, que este certificado ao qual o legislador se refere, **não é o do profissional peticionante, mas sim do Diário de Justiça Eletrônico**, que necessitará da certificação digital para atestar a autenticidade da publicação.

Os dias de publicação dos Diários de Justiça: Conforme visto, embora eletrônico, os diários de justiça continuam a fazer suas publicações apenas em dias úteis.

4. **A tempestividade das petições:** Conforme observado anteriormente, serão consideradas tempestivas as petições enviadas até as 00 hora do último dia do prazo.

→ Aplicação em Concurso

- *TRT 5.ª Região -2013 – Cargo: Analista Judiciário – Área Administrativa – Fundação Carlos Chagas (FCC).*

A informatização do processo judicial é um importante meio de agilizar o andamento dos processos que tramitam no Poder Judiciário. Em relação ao uso de meio eletrônico na tramitação de processos judiciais, é **INCORRETO** afirmar:

a) As intimações feitas por meio eletrônico, inclusive da Fazenda Pública, serão consideradas pessoais para todos os efeitos legais.

b) O envio de petições, de recursos e a prática de atos processuais em geral por meio eletrônico serão admitidos mediante uso de assinatura eletrônica.

c) Para fins de comunicação eletrônica dos atos processuais, considera-se como data da publicação o primeiro dia útil seguinte ao da disponibilização da informação no Diário da Justiça eletrônico.

d) Quando a petição eletrônica for enviada para atender prazo processual, serão consideradas tempestivas as transmitidas até às 18 horas do seu último dia.

e) Considera-se realizado o ato processual por meio eletrônico no dia e hora do seu envio ao sistema do Poder Judiciário, do qual deverá ser fornecido protocolo eletrônico.

Resposta: D

5. **Intimação eletrônica x Dia não útil.** Sempre que uma intimação eletrônica for aberta em dia não útil, será considerada realizada apenas no primeiro dia útil subsequente. Esta afirmativa é extraída dos §§ 3.º e 4.º do artigo em comento, haja vista serem claros ao esclarecer que se considera "como data da publicação o primeiro dia útil seguinte ao da disponibilização" e que os "prazos processuais terão início no primeiro dia útil que seguir ao considerado como data da publicação".

→ **Exemplos:**

Disponibilizado o documento eletrônico ao DJe no dia 05/06/2015 (sexta-feira), contará como **publicado** no dia 08/06/2015 (segunda-feira), iniciando-se, portanto, o **prazo** no dia 09/06/2015 (terça-feira).

Disponibilizado o documento eletrônico ao DJe no dia 04/06/2015 (quinta-feira), contará como **publicado** no dia 05/06/2015 (sexta-feira), iniciando-se, portanto, o **prazo** no dia 08/06/2015 (segunda-feira).

Nos casos dos feriados o raciocínio será idêntico. Senão vejamos:

Disponibilizado o documento eletrônico ao DJe no dia 04/09/2015 (sexta-feira), não poderá contar como publicado no dia 07/09/2015 (segunda-feira), feriado da independência do Brasil, razão pela qual, passará a data da **publicação** para o dia 08/09/2015 (terça-feira) e, consequentemente, o início do **prazo** para o dia 09/09/2015 (quarta-feira).

► **STJ. Disponibilização x Feriado x Publicação**

> "PROCESSUAL CIVIL – AGRAVO REGIMENTAL – RECURSO ESPECIAL – INTEMPESTIVIDADE CONFIGURADA – DECISÃO AGRAVADA MANTIDA – IMPROVIMENTO.
>
> (...)
>
> Na presente hipótese, foi juntada aos autos somente a Certidão de Publicação do Acórdão **atestando que este foi disponibilizado no Diário de Justiça Eletrônico em 07/12/2011 (quarta-feira), devendo ser considerado publicado em 09/12/2011 (sexta-feira) em razão do feriado do dia 08/12/2011. Dessa forma, o prazo começou a fluir no dia 12/12/2011 (segunda-feira)**" (AgRg no AREsp 190.678/CE, Rel. Ministro SIDNEI BENETI, TERCEIRA TURMA, julgado em 21/08/2012, DJe 05/09/2012 –).

→ **Aplicação em Concurso**

- *VUNESP – 2013 – TJ-SP – Advogado*

Assinale a afirmativa correta, sobre o processo eletrônico.

a) Os originais dos documentos digitalizados deverão ser preservados pelo seu detentor até cinco anos após o trânsito em julgado da sentença ou, quando admitida, até o final do processamento da ação rescisória.

b) O mandado de segurança poderá ser impetrado pela via eletrônica, sendo que o texto original da petição deverá ser apresentado nos 15 (quinze) dias úteis seguintes.

c) Considera-se como data da publicação o primeiro dia útil seguinte ao da disponibilização da informação no Diário da Justiça Eletrônico sendo que considerar-se-á realizada a intimação no dia em que o intimando efetivar a consulta eletrônica ao teor da intimação, certificando-se nos autos a sua realização, sendo que nos casos em que a consulta se dê em dia não útil, a intimação será considerada como realizada no primeiro dia útil seguinte.

d) Os documentos produzidos eletronicamente e juntados aos processos eletrônicos com garantia da origem e de seu signatário, serão considerados cópias autenticadas para todos os efeitos legais, sendo que em se tratando de cópia digital de título executivo extrajudicial ou outro documento relevante à instrução do processo, o juiz poderá determinar o seu depósito em cartório ou secretaria.

e) Os extratos digitais e os documentos digitalizados e juntados aos autos pelos órgãos da Justiça e seus auxiliares, pelo Ministério Público e seus auxiliares, pelas procuradorias, pelas autoridades policiais, pelas repartições públicas em geral e por advogados públicos e privados não terão a mesma força probante dos originais, mas, sim, serão considerados cópias autênticas.

Resposta: C

6. **Da criação do Diário da Justiça Eletrônica:** Segundo o § 5º do presente artigo, a "criação do Diário da Justiça eletrônico deverá ser acompanhada de ampla divulgação, e o ato administrativo correspondente será publicado durante 30 (trinta) dias no diário oficial em uso". Importante anotar, que, segundo a Corte Superior, este prazo de publicização de 30 (trinta) dias deverá ser contado de forma contínua, nos termos do art. 178 do Código de Processo Civil, que consigna: "O prazo, estabelecido pela lei ou pelo juiz, é contínuo, não se interrompendo nos feriados." [Artigo sem correspondência no Novo CPC.]

► **STJ e Prazo contínuo de 30 (dias) para divulgação do ato de criação do DJe**

"(...) 2. INFORMATIZAÇÃO DO PROCESSO JUDICIAL. CRIAÇÃO DO DIÁRIO DA JUSTIÇA ELETRÔNICO. PUBLICAÇÃO DO ATO NORMATIVO DURANTE 30 (TRINTA) DIAS. ART. 4º, § 5º, DA LEI Nº 11.419/2006. NORMA DEVIDAMENTE OBSERVADA. RESOLUÇÃO PUBLICADA DE 2/7/2009

A 4/8/2009. PRAZO CONTÍNUO. ART. 178 DO CPC. 3. HABEAS CORPUS NÃO CONHECIDO.

(...)

A Lei nº 11.419/2006, que disciplina a informatização do processo judicial, dispõe em seu art. 4º, § 5º, que a instituição do Diário de Justiça eletrônico deve ser divulgado durante 30 (trinta) dias no Diário Oficial em uso. Constatando-se que o ato normativo que criou o DJe foi publicado durante os dias 2/7/2009 e 4/8/2009, **mostra-se devidamente observado o prazo de 30 (trinta) dias, pois, como é cediço, o prazo estabelecido em lei é contínuo. Inteligência do art. 178 do Código de Processo Civil.**" (HC 177.275/PA, Rel. Ministro MARCO AURÉLIO BELLIZZE, QUINTA TURMA, julgado em 04/04/2013, DJe 10/04/2013 –).

"**Art. 5º** As intimações serão feitas por meio eletrônico em **portal próprio** aos que se cadastrarem na forma do art. 2.º desta Lei, dispensando-se a publicação no órgão oficial, inclusive eletrônico.

§ 1º Considerar-se-á realizada a **intimação** no dia em que o intimando **efetivar a consulta eletrônica** ao teor da intimação, certificando-se nos autos a sua realização.

§ 2º Na hipótese do § 1º deste artigo, nos casos em que a **consulta** se dê em **dia não útil**, a intimação será considerada como realizada no **primeiro dia útil seguinte.**

§ 3º A consulta referida nos §§ 1º e 2º deste artigo deverá ser feita em até **10 (dez) dias corridos** contados da **data do envio da intimação**, sob pena de considerar-se a intimação **automaticamente realizada na data do término desse prazo.**

§ 4º Em caráter informativo, poderá ser efetivada remessa de correspondência eletrônica, comunicando o envio da intimação e a abertura automática do prazo processual nos termos do § 3º deste artigo, aos que manifestarem interesse por esse serviço.

§ 5º Nos casos **urgentes** em que a intimação feita na forma deste artigo possa causar **prejuízo** a quaisquer das partes ou nos casos em que for evidenciada qualquer tentativa de burla ao sistema, o ato processual deverá ser realizado por outro **meio que atinja a sua finalidade**, conforme determinado pelo juiz.

§ 6º As intimações feitas na forma deste artigo, **inclusive da Fazenda Pública**, serão **consideradas pessoais** para todos os efeitos legais." .

1. **As intimações eletrônicas:** O procedimento descrito no artigo ocorrerá da seguinte forma: As intimações são disponibilizadas em portal, para que haja a consulta eletrônica. Assim que for aberta a intimação, dar-se-á como feita e iniciada a contagem do prazo respectivo. Ressalte-se, que caso não aberta a intimação pelo destinatário no prazo de 10 (dez)

dias corridos, deverão os sistemas processuais dos Tribunais considerar a intimação automaticamente efetuada, iniciando, por conseguinte, a contagem do prazo.

► **STJ e Leitura da intimação em até 10 (dez) dias corridos**

"HABEAS CORPUS. FURTO QUALIFICADO (ARTIGO 155, § 4º, INCISO IV, DO CÓDIGO PENAL). PROCESSO INFORMATIZADO. INTIMAÇÃO ELETRÔNICA DA DEFENSORIA PÚBLICA. ENVIO DA CARTA DE INTIMAÇÃO COM PRAZO INFERIOR A 10 (DEZ) DIAS DA DATA EM QUE REALIZADO O JULGAMENTO DO RECURSO DE APELAÇÃO INTERPOSTO EM FAVOR DO RÉU. INOBSERVÂNCIA AO DISPOSTO NA LEI 11.419/2006 E À RESOLUÇÃO 16/2009 DO TRIBUNAL DE JUSTIÇA DO ESTADO DO RIO DE JANEIRO. CONSTRANGIMENTO ILEGAL EVIDENCIADO.

Da leitura da Lei 11.416/2009 e da Resolução 16/2009 do Tribunal de Justiça do Estado do Rio de Janeiro, depreende-se que nos processos informatizados a intimação se aperfeiçoa com a consulta eletrônica efetivada pela parte, que deve ser certificada e ocorrer em até 10 (dez) dias corridos contados da data em que enviada a comunicação, inclusive no que se refere aos entes que gozam da prerrogativa da notificação pessoal , como ocorre com a Defensoria Pública. 2. Se as partes possuem 10 (dez) dias para acessar o processo informatizado e ter ciência das comunicações eletrônicas nele efetuadas, não se pode admitir que a carta de intimação seja enviada sem que esse período mínimo seja respeitado. (...)" (HC 236.284/RJ, Rel. Ministro JORGE MUSSI, QUINTA TURMA, julgado em 20/11/2012, DJe 03/12/2012)

2. **As intimações da Fazenda Pública:** No caso da Fazenda Pública, somente serão consideradas as intimações eletrônicas, se o acesso aos autos se der na íntegra pelo advogado público, caso contrário os processos terão que ser materializados, conforme descrito no art. 6.º, que veremos posteriormente.

► **STJ e a Intimação Eletrônica**

"AGRAVO REGIMENTAL NO RECURSO ESPECIAL. PREVIDENCIÁRIO. INTIMAÇÃO ELETRÔNICA. LEI N. 11.419/2006. VALIDADE. FUNDAMENTO CONSTITUCIONAL. EXAME. IMPOSSIBILIDADE. PROVA. REEXAME. SÚMULA 7/STJ. INCIDÊNCIA.

1. Nos termos da Lei n. 11.419/06, a intimação eletrônica **substitui qualquer outro meio e publicação oficial** para quaisquer efeitos legais, à exceção das hipóteses que, por lei, exigem intimação ou vista pessoal (art. 4º, § 2º)." (AgRg no AREsp: 529715 RS 2014/0138588-5, Relator: Ministro OG FERNANDES, Data de Julgamento: 04/11/2014, T2 – SEGUNDA TURMA, Data de Publicação: DJe 01/12/2014 –)

3. **A substituição dos demais meios de publicação:** Os Tribunais Superiores vêm repetidamente reiterando a aplicabilidade prática da legislação do processo eletrônico, conforme descrito no supracitado julgado, pelo qual o Superior Tribunal de Justiça reafirmou que: "(...) a intimação eletrônica substitui qualquer outro meio e publicação oficial para quaisquer efeitos legais (...)".
4. **As intimações automáticas:** Conforme o observado no artigo § 3º, após o prazo de 10 (dez) dias, será considerada automaticamente realizada a intimação da parte, ainda que a intimação eletrônica não tenha sido aberta, devendo-se a contagem deste decênio legal se dar a partir do dia seguinte ao da disponibilização do ato de comunicação no sistema, independentemente deste dia ser, ou não, de expediente no órgão comunicante, haja vista não se tratar de prazo processual, mas sim, de mero lapso temporal que as partes têm para, após o envio da intimação, acessarem os autos do feito informatizado e terem ciência do teor da notificação.

→ Aplicação em Concurso

- *FCC 2013 – TRT 5.ª Região – ANALISTA*

De acordo com a Lei no 11.419/06, as intimações serão feitas por meio eletrônico em portal próprio, dispensando-se a publicação no órgão oficial, inclusive eletrônico. Considerar-se-á realizada a intimação no dia em que o intimando efetivar a consulta eletrônica ao teor da intimação, certificando-se nos autos a sua realização. A referida consulta deverá ser feita em até :

a) 10 dias corridos contados da data do envio da intimação, sendo que para efeito da contagem deste prazo, o dia inicial é o primeiro dia útil posterior ao da disponibilização do ato de comunicação no sistema que tenha expediente no órgão comunicante.

b) 5 dias corridos contados da data do envio da intimação, sendo que para efeito da contagem deste prazo, o dia inicial é o dia seguinte ao da disponibilização do ato de comunicação no sistema, independentemente de esse dia ser, ou não, de expediente no órgão comunicante.

c) 10 dias corridos contados da data do envio da intimação, sendo que para efeito da contagem deste prazo, o dia inicial é o dia seguinte ao da disponibilização do ato de comunicação no sistema, independentemente de esse dia ser, ou não, de expediente no órgão comunicante.

d) 5 dias corridos contados da data do envio da intimação, sendo que para efeito da contagem deste prazo, o dia inicial é o primeiro dia útil posterior ao da disponibilização do ato de comunicação no sistema que tenha expediente no órgão comunicante.

e) 15 dias corridos contados da data do envio da intimação, sendo que para efeito da contagem deste prazo, o dia inicial é o primeiro dia útil posterior ao da disponibilização do ato de comunicação no sistema que tenha expediente no órgão comunicante.

RESPOSTA: C

5. **O lapso temporal de 10 (dez) dias e a garantia do prazo em quádruplo ou em dobro** Por não se tratar de prazo processual, conforme dito no item anterior, o lapso temporal de 10 (dez) dias para leitura da intimação eletrônica será comum a todos, não existindo contagem diferenciada a nenhum ente estatal.

► **STJ. Prazo equânime às partes de 10 (dez) dias para leitura da intimação eletrônica**

> "DEFENSORIA PÚBLICA. CONTAGEM DOS PRAZOS PROCESSUAIS EM DOBRO. ARTIGO 5º, § 5º, DA LEI 1.060/1950 E ARTIGO 44, INCISO I, DA LEI COMPLEMENTAR 80/1994. EXCEPCIONALIDADE DO PRAZO PARA A INTIMAÇÃO DAS PARTES NO PROCESSO ELETRÔNICO. IMPOSSIBILIDADE DE CONTAGEM EM DOBRO. OBSERVÂNCIA AO PRINCÍPIO DA ISONOMIA E DA DURAÇÃO RAZOÁVEL DO PROCESSO. CONCESSÃO PARCIAL DA ORDEM.
>
> (...)
>
> O prazo de 10 (dez) dias previsto no artigo 5º da Lei do Processo Eletrônico **não se refere à prática de nenhum ato processual em si mesmo, mas apenas a um lapso temporal que as partes têm para, após o envio da intimação, acessarem os autos do feito informatizado e terem ciência do teor da notificação. 4. A contagem em dobro para a Defensoria Pública de um prazo estatuído de forma equânime para todas as partes, e que não diz respeito à implementação de qualquer ato processual em si mesmo, mas apenas ao período de tempo que possuem para se inteirarem do conteúdo de uma carta de intimação, fere o princípio da igualdade, prolongando, injustificadamente, a duração razoável do processo eletrônico.** 5. Tal compreensão não fere nem enfraquece as prerrogativas conferidas à Defensoria Pública, instituição essencial à função jurisdicional do Estado, **já que o mencionado órgão continuará tendo prazo dobrado para a prática de todos os atos processuais, consoante estabelecido nas leis de regência**." (HC 236.284/RJ, Rel. Ministro JORGE MUSSI, QUINTA TURMA, julgado em 20/11/2012, DJe 03/12/2012 –).

6. **O início dos prazos processuais:** A intimação se dará no dia da consulta eletrônica do seu teor pelo intimado, salvo este seja realizado em dia não útil, quando então se considerará o primeiro dia útil subsequente.

Quando não realizada a consulta eletrônica pelo intimado, os prazos se iniciarão, invariavelmente, no 11.º dia após a alimentação e disponibilização eletrônica do despacho/decisão, ou seja, após o decênio legal para leitura da intimação eletrônica, respeitado, obviamente, como na hipótese acima, a regra do aart. 224, § 3º, do Novo CPC ("A contagem do prazo terá início no primeiro dia útil que seguir ao da publicação").

7. **Término dos prazos processuais:** Conforme exaustivamente relatado e visto nos itens anteriores, o prazo é encerrado às 24 (vinte e quatro) horas do último dia.

→ **Aplicação em Concurso**

- *FCC – 2013 – TRT – 15ª Região (Campinas) – Técnico Judiciário – Área Administrativa*

Considere as seguintes assertivas a respeito do Processo Judicial Eletrônico, de acordo com a Lei nº 11.419/06:

I. Para o disposto na referida Lei, considera-se meio eletrônico toda forma de comunicação à distância com a utilização de redes de comunicação, preferencialmente a rede mundial de computadores.

II. Para o disposto na referida Lei, considera-se transmissão eletrônica qualquer forma de armazenamento ou tráfego de documentos e arquivos digitais.

III. Quando a petição eletrônica for enviada para atender prazo processual, serão consideradas tempestivas as transmitidas até às vinte e quatro horas do seu último dia.

Está correto o que se afirma APENAS em :

a) III.

b) I e III.

c) I.

d) I e II.

e) II e III.

Resposta: A

▶ **OBS:** Os itens I e II referem-se a conceitos apresentados no art. 1.º desta Lei, ao quais fizemos valoroso destaque.

"**Art. 6º** Observadas as formas e as cautelas do art. 5º desta Lei, **as citações**, inclusive da **Fazenda Pública, excetuadas as dos Direitos Processuais Criminal e Infracional**, poderão ser feitas por **meio eletrônico**, desde que a **íntegra** dos autos seja acessível ao citando."

1. **O acesso a integra dos autos:** Para que isso seja possível, a Fazenda Pública deverá ter acesso a todo o conteúdo processual, todos os documentos e movimentações sem exceção, ainda que os processos tramitem em sigilo.
2. **A falta de acesso aos autos:** Caso não seja possível disponibilizar a íntegra dos autos ao citando, estará o Tribunal obrigado a materializar o autos e utilizar a intimação da forma tradicional, sob pena de mácula aos princípios do contraditório e da ampla defesa.
3. **Exceção à possibilidade de citação eletrônica:** Conforme demonstra a leitura do artigo, vale atentar, que, excepcionalmente, não será possível a citação por meio eletrônico quando: **a)** a matéria envolver Direito Processual Penal, **b)** a matéria seja referente ao Estatuto da Criança e do Adolescente – ECA restrito aos atos infracionais e, em quaisquer hipóteses, **c)** quando a íntegra dos autos não estiver acessível ao citando, conforme visto no ponto anterior.
4. **Defeitos de Digitalização:** Após digitalizado um processo físico, será certificado pelo servidor responsável e será considerado verdadeiro todo seu teor. Neste caso, as peças que forem alegadas inexistentes no processo eletrônico, deverão ser indicadas pelas partes, sendo, portanto, importante guardá-las para provar possíveis erros de digitalização.

▶ **STJ e Digitalização:**

> EMBARGOS DE DECLARAÇÃO NO AGRAVO REGIMENTAL NO AGRAVO EM RECURSO ESPECIAL. AGRAVO REGIMENTAL NÃO CONHECIDO EM RAZÃO DA SÚMULA N.115/STJ. DILIGÊNCIA DETERMINADA PELO ANTIGO RELATOR. PROCURAÇÃO TIDA POR FALTANTE QUE CONSTAVA DOS AUTOS PRINCIPAIS. FALHA NA DIGITALIZAÇÃO DO PROCESSO. ACOLHIMENTO DOS DECLARATÓRIOS PARA AFASTAR A INCIDÊNCIA DA SÚMULA 115/STJ. DANOS MORAIS E MATERIAIS.REMOÇÃO E INTERNAÇÃO FORÇADAS, PRATICADAS EM DESACORDO COM A LEGISLAÇÃO FEDERAL. (...). Levando-se em conta que a procuração outorgada ao advogado subscritor do agravo regimental, tida por faltante, estava presente nos autos físicos e somente não foi incluída no processo eletrônico por falha na digitalização, defeito para o qual não concorreram as partes, impõe-se o acolhimento dos embargos para afastar a incidência da Súmula nº 115/STJ.2.
>
> (EDcl no AgRg no AREsp 483.869/SC, Rel. Ministro MARCO AURÉLIO BELLIZZE, TERCEIRA TURMA, julgado em 16/12/2014, DJe 19/12/2014).

5. **As intimações eletrônicas da Fazenda Pública:** O art. 6.º deixa clara a possibilidade de a Fazenda Pública também receber as citações e intimações, condicionando, todavia, tal fato ao acesso do advogado público ao inteiro teor do processo, como visto anteriormente.

   → Aplicação em Concurso

   - *CESPE – 2012 – STJ Analista Judiciário*

     A informatização do processo judicial permite que as citações, intimações e notificações sejam realizadas por meio eletrônico, salvo as relativas à fazenda pública.

     RESPOSTA: Errado.

6. **O Modelo Nacional de Interoperabilidade:** Diante do tema tratado, faz-se salutar a apresentação ao leitor do denominado **Modelo Nacional de Interoperabilidade – MNI,** gerado pelo termo de cooperação nº 58/2009, que resultou na Resolução Conjunta n.º 03/2013 dos Conselhos Nacionais de Justiça e do Ministério Público, implementada com a intenção de mediar uma relação racional entre o Poder Judiciário e as novas tecnologias advindas ao Direito, através de um planejamento estratégico fincado no aperfeiçoamento da sua gestão administrativa. Em suma, contempla este movimento, o aperfeiçoamento de regras e procedimentos de comunicabilidade entre os diversos sistemas utilizados pelo órgãos, tornando, assim, mais célere as comunicações processuais e excepcional a desnecessária materialização dos processos eletrônicos. Desta forma, colaciona-se, adiante, *ipsis litteris* a precitada Resolução.

RESOLUÇÃO CONJUNTA Nº 3 ,DE 16 DE ABRIL DE 2013

Institui o Modelo Nacional de Interoperabilidade do Poder Judiciário e do Ministério Público e dá outras providências.

OS PRESIDENTES DO **CONSELHO NACIONAL DE JUSTIÇA** E DO **CONSELHO NACIONAL DO MINISTÉRIO PÚBLICO**, no exercício de suas atribuições legais,

CONSIDERANDO a competência do Conselho Nacional de Justiça e do Conselho Nacional do Ministério Público, nos termos do art. 103-B, § 4º, e do art. 130-A, § 2º, da Constituição Federal, especialmente no que concerne ao planejamento estratégico, à coordenação e ao aperfeiçoamento da gestão administrativa do Poder Judiciário e do Ministério Público;

CONSIDERANDO os benefícios advindos da substituição da tramitação de autos em meio impresso pelo meio eletrônico, como instrumento de celeridade, de qualidade da prestação jurisdicional e de acesso à justiça;

CONSIDERANDO a atual multiplicidade de sistemas de tramitação processual, seja em meio físico ou eletrônico, o que implica replicação de gastos e investimentos pelos tribunais e dificuldade de aprendizado para os usuários, notadamente os advogados que atuam perante tribunais diferentes;

CONSIDERANDO o termo de cooperação nº 58/2009, que resultou na construção de um modelo nacional de interoperabilidade de sistemas do Poder Judiciário;

CONSIDERANDO o papel de coordenação, uniformização e harmonização dos Conselhos Nacionais de Justiça e do Ministério Público quanto às políticas que envolvem demandas na área de tecnologia da informação;

CONSIDERANDO a necessidade da criação de instrumentos que auxiliem e simplifiquem a atividade de administração da Justiça e possibilitem tornar o processo mais célere e efetivo;

CONSIDERANDO a necessidade de diversos participantes do sistema de justiça – Ministério Público, advocacia pública e privada e defensoria pública, entre outros – de interagir com os sistemas informatizados dos órgãos do Poder Judiciário, preferencialmente mediante métodos padronizados e previsíveis;

CONSIDERANDO o contido na Resolução nº 12, de 14 de fevereiro de 2006, do Conselho Nacional de Justiça, que prevê a criação de padrões de interoperabilidade para o Poder Judiciário;

RESOLVEM:

Instituir o Modelo Nacional de Interoperabilidade do Poder Judiciário e do Ministério Público, na forma a seguir:

CAPÍTULO I
DO MODELO NACIONAL DE INTEROPERABILIDADE DO PODER JUDICIÁRIOE DO MINISTÉRIO PÚBLICO

Art. 1º Fica instituído o Modelo Nacional de Interoperabilidade do Poder Judiciário e do Ministério Público (MNI), visando propiciar plena interoperabilidade entre os sistemas do Poder Judiciário, do Ministério Público e das demais instituições e órgãos componentes do Sistema de Justiça.

§ 2º Os órgãos e instituições públicas e privadas poderão utilizar o MNI independentemente de adesão ao acordo de cooperação técnica 58/2009, sem prejuízo de tal adesão, caso acordem com o CNJ.

§ 3º A versão atual do Modelo Nacional de Interoperabilidade encontra-se disponível nos endereços eletrônicos: http://www.cnj.jus.br/mni e http://www.cnmp.gov.br/mni.

Art. 2º Os órgãos do Poder Judiciário relacionados no art. 92, I-A a VII, da Constituição Federal, e do Ministério Público, conforme o art. 128, I e II da Constituição Federal, deverão implementar o Modelo Nacional de Interoperabilidade nos sistemas de tramitação e controle processual judicial hoje em utilização, no prazo de dois anos.

§ 1º Na hipótese de utilização de vários sistemas de tramitação e controle processual judicial, o tribunal poderá escolher um ou mais sistemas que serão mantidos em uso, deverá nele(s) implementar o MNI, no prazo do caput e descontinuará os demais sistemas no prazo máximo de três anos.

§ 2º Os sistemas descontinuados cujos dados, por óbices técnicos, não possam ser migrados para sistema que utilize o MNI deverão ser mantidos, para efeito de consulta, por prazo indeterminado.

Art. 3º Os órgãos previstos no art. 2º deverão encaminhar ao Conselho Nacional de Justiça e ao Conselho Nacional do Ministério Público, respectivamente:

I – em noventa dias, cronograma de atividades para o cumprimento desta Resolução;

II – a cada seis meses, informações atualizadas sobre o cumprimento do cronograma apresentado.

Art. 4º O Comitê Técnico Gestor terá a seguinte composição:

I – dez representantes do Poder Judiciário, de todos os ramos, nomeados pela Presidência do CNJ;

II – dez representantes do Ministério Público, de todos os ramos, nomeados pela Presidência do CNMP;

III – um representante da Ordem dos Advogados do Brasil, indicado pelo Conselho Federal;

IV – um representante da Defensoria Pública da União, por esta indicado;

V – um representante da Advocacia-Geral da União, por esta indicado.

Parágrafo único. Representantes de outros órgãos ou instituições poderão ser incluídos no Comitê Gestor, por decisão deste.

CAPÍTULO II
DA DISPOSIÇÃO FINAL

Art. 5º Esta Resolução entra em vigor na data de sua publicação.

Ministro Joaquim Barbosa

Presidente do Conselho Nacional de Justiça

Roberto Monteiro Gurgel Santos

Presidente do Conselho Nacional do Ministério Público

Ultrapassado o breve esclarecimento, retornamos ao estudo da Lei n.º 11.419/06.

"Art. 7.º As **cartas precatórias, rogatórias, de ordem** e, de um modo geral, todas as **comunicações oficiais** que transitem entre órgãos do Poder Judiciário, bem como entre os deste e os dos demais Poderes, serão feitas **preferentemente por meio eletrônico.**"

1. **O Pje:** O art. 7.º demonstra com clareza a necessidade de implementação do "Modelo Nacional de Interoperabilidade", indicando, já à época, a intenção do Poder Público em uniformizar a linguagem, a numeração e os sistemas processuais existentes no País. Diante deste prisma, é mais fácil entender a objetivo do Conselho Nacional de Justiça ao editar a Resolução n.º 185/2013 instituindo a obrigatoriedade de utilização do PJe como sistema único a todos os Tribunais.

2. Nesta resolução o CNJ instituiu o Processo Judicial Eletrônico – Pje – como sistema de processamento de informações e prática de atos processuais e estabeleceu os parâmetros para sua implementação e funcionamento, conforme veremos a seguir:

O PRESIDENTE DO CONSELHO NACIONAL DE JUSTIÇA (CNJ), no uso de suas atribuições legais e regimentais, e

CONSIDERANDO as diretrizes contidas na Lei n. 11.419, de 19 de dezembro de 2006, que dispõe sobre a informatização do processo judicial, especialmente o disposto no art. 18, que autoriza a regulamentação pelos órgãos do Poder Judiciário;

CONSIDERANDO os benefícios advindos da substituição da tramitação de autos em meio físico pelo meio eletrônico, como instrumento de celeridade e qualidade da prestação jurisdicional;

CONSIDERANDO a necessidade de racionalização da utilização dos recursos orçamentários pelos órgãos do Poder Judiciário;

CONSIDERANDO o contido no Acórdão TCU 1094, que, entre outras medidas, recomenda que o Conselho Superior da Justiça do Trabalho – CSJT fiscalize "as medidas a serem adotadas pelos órgãos integrantes da Justiça do Trabalho, de modo a evitar o desperdício de recursos no desenvolvimento de soluções a serem descartadas quando da implantação dos projetos nacionais, orientando acerca da estrita observância dos termos do Ato Conjunto CSJT.TST.GP.SE 9/2008, especialmente em seus arts. 9º e 11, zelando pela compatibilidade das soluções de TI adotadas no âmbito

da Justiça do Trabalho, bem como se abstendo da prática de contratações cujo objeto venha a ser rapidamente descartado, podendo resultar em atos de gestão antieconômicos e ineficientes", com envio de cópia ao Conselho Nacional de Justiça;

CONSIDERANDO as vantagens advindas da adoção de instrumentos tecnológicos que permitam a adequação do funcionamento do Poder Judiciário aos princípios da proteção ambiental;

CONSIDERANDO a necessidade de regulamentar a implantação do sistema Processo Judicial Eletrônico – PJe nos órgãos do Poder Judiciário, de modo a conferir-lhe uniformidade;

CONSIDERANDO a edição da Resolução nº. 94 do Conselho Superior da Justiça do Trabalho – CSJT, de 23 de março de 2012, e suas posteriores alterações, que regulamentou o PJe-JT no âmbito daquela justiça especializada;

CONSIDERANDO a Resolução n. 202, de 29 de agosto de 2012, do Conselho da Justiça Federal, que "Dispõe sobre a implantação do Sistema Processo Judicial Eletrônico – PJe no âmbito do Conselho e da Justiça Federal de primeiro e segundo graus";

CONSIDERANDO o Acordo de Cooperação Técnica n. 029/2012, celebrado entre o Conselho Nacional de Justiça e o Conselho da Justiça Federal, detalhando as obrigações dos partícipes quanto à customização, implantação e utilização do PJe no âmbito da Justiça Federal;

CONSIDERANDO a Resolução n. 23393/2013, aprovada pelo Tribunal Superior Eleitoral na Sessão Administrativa de 10 de setembro de 2013, que regulamentou o Processo Judicial Eletrônico – PJe na Justiça Eleitoral;

CONSIDERANDO a adesão de grande número de Tribunais de Justiça ao Sistema PJe, por meio do Acordo de Cooperação n. 043/2010;

CONSIDERANDO as atribuições do Conselho Nacional de Justiça, previstas no art. 103-B, § 4º, da Constituição Federal, especialmente no que concerne ao controle da atuação administrativa e financeira e à coordenação do planejamento estratégico do Poder Judiciário, inclusive na área de tecnologia da informação,

CONSIDERANDO a deliberação do Plenário do Conselho Nacional de Justiça na 181ª Sessão Ordinária, realizada em 17 de dezembro de 2013;

RESOLVE:

Instituir o Sistema Processo Judicial Eletrônico – PJe como sistema informatizado de processo judicial no âmbito do Poder Judiciário e estabelecer os parâmetros para o seu funcionamento, na forma a seguir:

CAPÍTULO I
DO PROCESSO JUDICIAL ELETRÔNICO

Seção I
Das Disposições Gerais

Art. 1º A tramitação do processo judicial eletrônico nos órgãos do Poder Judiciário previstos no art. 92, incisos I-A a VII, da Constituição Federal, realizada por intermédio do Sistema Processo Judicial Eletrônico – PJe, é disciplinada pela presente Resolução e pelas normas específicas expedidas pelos Conselhos e Tribunais que com esta não conflitem.

Art. 2º O PJe compreenderá o controle do sistema judicial nos seguintes aspectos:

I – o controle da tramitação do processo;

II – a padronização de todos os dados e informações compreendidas pelo processo judicial;

III – a produção, registro e publicidade dos atos processuais;

IV – o fornecimento de dados essenciais à gestão das informações necessárias aos diversos órgãos de supervisão, controle e uso do sistema judiciário.

Art. 3º Para o disposto nesta Resolução, considera-se:

I – assinatura digital: resumo matemático computacionalmente calculado a partir do uso de chave privada e que pode ser verificado com o uso de chave pública, estando o detentor do par de chaves certificado dentro da Infraestrutura de Chaves Públicas Brasileira (ICP-Br), na forma da legislação específica;

II – autos do processo eletrônico ou autos digitais: conjunto de metadados e documentos eletrônicos correspondentes a todos os atos, termos e informações do processo;

III – digitalização: processo de reprodução ou conversão de fato ou coisa, produzidos ou representados originalmente em meio não digital, para o formato digital;

IV – documento digitalizado: reprodução digital de documento originalmente físico;

V – documento digital: documento originalmente produzido em meio digital;

VI – meio eletrônico: ambiente de armazenamento ou tráfego de informações digitais;

VII – transmissão eletrônica: toda forma de comunicação à distância com a utilização de redes de comunicação, preferencialmente a rede mundial de computadores;

VIII – usuários internos: magistrados e servidores do Poder Judiciário, bem como outros a que se reconhecer acesso às funcionalidades internas do sistema de processamento em meio eletrônico, tais como estagiários e prestadores de serviço;

IX – usuários externos: todos os demais usuários, incluídos partes, advogados, membros do Ministério Público, defensores públicos, peritos e leiloeiros.

Art. 4º Os atos processuais terão registro, visualização, tramitação e controle exclusivamente em meio eletrônico e serão assinados digitalmente, contendo elementos que permitam identificar o usuário responsável pela sua prática.

§ 1º A reprodução de documento dos autos digitais deverá conter elementos que permitam verificar a sua autenticidade em endereço eletrônico para esse fim, disponibilizado nos sítios do Conselho Nacional de Justiça e de cada um dos Tribunais usuários do Sistema Processo Judicial Eletrônico – PJe.

§ 2º O usuário é responsável pela exatidão das informações prestadas, quando de seu credenciamento, assim como pela guarda, sigilo e utilização da assinatura digital, não sendo oponível, em qualquer hipótese, alegação de uso indevido, nos termos da Medida Provisória n. 2.200-2, de 24 de agosto de 2001.

§ 3º Somente serão admitidas assinaturas digitais de pessoas físicas e de pessoas físicas representantes de pessoas jurídicas, quando realizada no sistema PJe ou a este destinada, se utilizado certificado digital A3 ou equivalente que o venha a substituir, na forma da normatização do ICP-Brasil.

§ 4º A assinatura digital por meio de aparelhos móveis que não possam ser acoplados a dispositivo criptográfico portável (tokens ou cartões) com certificado A3 será realizada na forma a ser definida pelo Comitê Gestor Nacional do PJe.

Art. 5º A distribuição dos processos se realizará de acordo com os pesos atribuídos, dentre outros, às classes processuais, aos assuntos do processo e à quantidade de partes em cada polo processual, de modo a garantir uma maior uniformidade na carga de trabalho de magistrados com a mesma competência, resguardando-se a necessária aleatoriedade na distribuição.

§ 1º A atribuição dos pesos referidos no caput será realizada pelos Conselhos, Tribunais e/ou Corregedorias, no âmbito de suas competências, devendo ser criados grupos de magistrados de todas as instâncias para validação das configurações locais, sendo possível a atribuição de um peso idêntico para cada um dos aspectos passíveis de configuração.

§ 2º A distribuição em qualquer grau de jurisdição será necessariamente automática e realizada pelo sistema imediatamente após o protocolo da petição inicial.

§ 3º O sistema fornecerá indicação de possível prevenção com processos já distribuídos, com base nos parâmetros definidos pelo Comitê Gestor Nacional do PJe, cabendo ao magistrado analisar a existência, ou não, da prevenção.

§ 4º É vedado criar funcionalidade no sistema para exclusão prévia de magistrados do sorteio de distribuição por qualquer motivo, inclusive impedimento ou suspeição.

§ 5º Poderá ser criada funcionalidade para indicação prévia de possível suspeição ou impedimento, que não influenciará na distribuição, cabendo ao magistrado analisar a existência, ou não, da suspeição ou do impedimento.

Seção II
Do Acesso ao Sistema

Art. 6º Para acesso ao PJe é obrigatória a utilização de assinatura digital a que se refere o art. 4º, § 3º, desta Resolução, com exceção das situações previstas no § 4º deste artigo.

§ 1º Os usuários terão acesso às funcionalidades do PJe de acordo com o perfil que lhes for atribuído no sistema e em razão da natureza de sua relação jurídico-processual.

§ 2º Quando necessário, o fornecimento de certificados digitais aos usuários internos será de responsabilidade de cada Tribunal ou Conselho, facultado ao Conselho Nacional de Justiça atuar na sua aquisição e distribuição.

§ 3º Serão gerados códigos de acesso ao processo para as partes constantes do polo passivo, com prazo de validade limitado, que lhe permitam o acesso ao inteiro conteúdo dos autos eletrônicos, para possibilitar o exercício do contraditório e da ampla defesa.

§ 4º Será possível o acesso e a utilização do sistema PJe através de usuário (login) e senha, exceto para:

I – assinatura de documentos e arquivos;

II – operações que acessem serviços com exigência de identificação por certificação digital;

III – consulta e operações em processos que tramitem em sigilo ou em segredo de justiça.

§ 5º O usuário, acessando o PJe com login e senha, poderá enviar arquivos não assinados digitalmente, devendo assiná-los com certificado digital em até 5 (cinco) dias, nos termos da Lei n. 9.800, de 26 de maio de 1999.

§ 6º O disposto nos §§ 4º e 5º só vigorará a partir da versão do PJe que implemente as soluções neles previstas.

Art. 7º O credenciamento dar-se-á pela simples identificação do usuário por meio de seu certificado digital e remessa do formulário eletrônico disponibilizado no portal de acesso ao PJe, devidamente preenchido e assinado digitalmente.

§ 1º O cadastramento para uso exclusivamente através de usuário (login) e senha deverá ser realizado presencialmente, nos termos do art. 2º, § 1º, da Lei n. 11.419, de 19 de dezembro de 2006.

§ 2º Alterações de dados cadastrais poderão ser feitas pelos usuários, a qualquer momento, na seção respectiva do portal de acesso ao PJe, exceto as informações cadastrais obtidas de bancos de dados credenciados, como Receita Federal, Justiça Eleitoral e OAB, que deverão ser atualizadas diretamente nas respectivas fontes.

Art. 8º O PJe estará disponível 24 (vinte e quatro) horas por dia, ininterruptamente, ressalvados os períodos de manutenção do sistema.

Parágrafo único. As manutenções programadas do sistema serão sempre informadas com antecedência e realizadas, preferencialmente, entre 0h de sábado e 22h de domingo, ou entre 0h e 6h dos demais dias da semana.

Art. 9º Considera-se indisponibilidade do sistema PJe a falta de oferta ao público externo, diretamente ou por meio de webservice, de qualquer dos seguintes serviços:

I – consulta aos autos digitais;

II – transmissão eletrônica de atos processuais; ou

III – acesso a citações, intimações ou notificações eletrônicas.

§ 1º Não caracterizam indisponibilidade as falhas de transmissão de dados entre as estações de trabalho do público externo e a rede de comunicação pública, assim como a impossibilidade técnica que decorra de falhas nos equipamentos ou programas dos usuários.

§ 2º É de responsabilidade do usuário:

I – o acesso ao seu provedor da internet e a configuração do computador utilizado nas transmissões eletrônicas;

II – o acompanhamento do regular recebimento das petições e documentos transmitidos eletronicamente;

III – a aquisição, por si ou pela instituição ao qual está vinculado, do certificado digital, padrão ICP-Brasil, emitido por Autoridade Certificadora credenciada, e respectivo dispositivo criptográfico portável.

Art. 10. A indisponibilidade definida no artigo anterior será aferida por sistema de auditoria fornecido pelo Conselho Nacional de Justiça ou por órgão a quem este atribuir tal responsabilidade.

§ 1º Os sistemas de auditoria verificarão a disponibilidade externa dos serviços referidos no art. 8º a intervalos de tempo não superiores a 5 (cinco) minutos.

§ 2º Toda indisponibilidade do sistema PJe será registrada em relatório de interrupções de funcionamento acessível ao público no sítio do Tribunal e dos Conselhos, devendo conter, pelo menos, as seguintes informações:

I – data, hora e minuto de início da indisponibilidade;

II – data, hora e minuto de término da indisponibilidade; e

III – serviços que ficaram indisponíveis.

§ 3º O relatório de interrupção, assinado digitalmente e com efeito de certidão, estará acessível preferencialmente em tempo real ou, no máximo, até às 12h do dia seguinte ao da indisponibilidade.

Art. 11. Os prazos que vencerem no dia da ocorrência de indisponibilidade de quaisquer dos serviços referidos no art. 8º serão prorrogados para o dia útil seguinte, quando:

I – a indisponibilidade for superior a 60 (sessenta) minutos, ininterruptos ou não, se ocorrida entre 6h00 e 23h00; ou

II – ocorrer indisponibilidade entre 23h00 e 24h00.

§ 1º As indisponibilidades ocorridas entre 0h00 e 6h00 dos dias de expediente forense e as ocorridas em feriados e finais de semana, a qualquer hora, não produzirão o efeito do caput.

§ 2º Os prazos fixados em hora ou minuto serão prorrogados até às 24h00 do dia útil seguinte quando:

I – ocorrer indisponibilidade superior a 60 (sessenta) minutos, ininterruptos ou não, nas últimas 24 (vinte e quatro) horas do prazo; ou

II – ocorrer indisponibilidade nos 60 (sessenta) minutos anteriores ao seu término.

§ 3º A prorrogação de que trata este artigo será feita automaticamente pelo sistema PJe.

Art. 12. A indisponibilidade previamente programada produzirá as consequências previstas em lei e na presente Resolução e será ostensivamente comunicada ao público externo com, pelo menos, 5 (cinco) dias de antecedência.

Seção III
Do Funcionamento do Sistema

Art. 13. O sistema receberá arquivos com tamanho máximo definido por ato do Tribunal ou Conselho e apenas nos formatos definidos pela Presidência do Conselho Nacional de Justiça, ouvido o Comitê Gestor Nacional do PJe.

§ 1º O tamanho máximo de arquivos, definido por cada Conselho ou Tribunal, não poderá ser menor que 1,5Mb.

§ 2º Na hipótese de capacidade postulatória atribuída à própria parte, a prática de ato processual será viabilizada por intermédio de servidor da unidade judiciária destinatária da petição ou do setor responsável pela redução a termo e digitalização de peças processuais.

§ 3º Será admitido peticionamento fora do PJe, pelas vias ordinárias, nas seguintes hipóteses:

I – o PJe estiver indisponível e o prazo para a prática do ato não for prorrogável na forma do art. 11 ou essa prorrogação puder causar perecimento do direito;

II – prática de ato urgente ou destinado a impedir perecimento de direito, quando o usuário externo não possua, em razão de caso fortuito ou força maior, assinatura digital.

§ 4º A parte ou o advogado poderá juntar quantos arquivos se fizerem necessários à ampla e integral defesa de seus interesses, desde que cada um desses arquivos observe o limite de tamanho máximo e formatos previstos.

Art. 14. Os documentos produzidos eletronicamente, os extratos digitais e os documentos digitalizados e juntados aos autos pelos órgãos do Poder Judiciário e seus auxiliares, pelos membros do Ministério Público, pelas procuradorias e por advogados públicos e privados têm a mesma força probante dos originais, ressalvada a alegação motivada e fundamentada de adulteração.

§ 1º Incumbirá àquele que produzir o documento digital ou digitalizado e realizar a sua juntada aos autos zelar pela qualidade deste, especialmente quanto à sua legibilidade.

§ 2º Os originais dos documentos digitalizados, mencionados no caput deste artigo, deverão ser preservados pelo seu detentor até o trânsito em julgado da sentença ou, quando admitida, até o final do prazo para propositura de ação rescisória.

§ 3º A arguição de falsidade do documento original será processada eletronicamente na forma da lei processual em vigor.

§ 4º Os documentos cuja digitalização mostre-se tecnicamente inviável devido ao grande volume, tamanho/formato ou por motivo de ilegibilidade deverão ser apresentados em secretaria no prazo de 10 (dez) dias contados do envio de petição eletrônica comunicando o fato. Após o trânsito em julgado, os referidos documentos serão devolvidos, incumbindo-se à parte preservá-los, até o final do prazo para propositura de ação rescisória, quando admitida.

§ 5º O usuário deve assegurar que os arquivos eletrônicos que envia ao PJe estejam livres de artefatos maliciosos, podendo o Sistema, caso constatada a presença desses artefatos, rejeitá-los de plano, informando ao usuário as razões da rejeição, com efeito de certidão.

Art. 15. Os documentos físicos apresentados com fundamento nos §§ 2º e 3º do art. 13 desta Resolução deverão ser retirados pelos interessados, no prazo de 45 (quarenta e cinco) dias, para os efeitos do art. 11, § 3º, da Lei n. 11.419, de 19 de dezembro de 2006.

Parágrafo único. Findo o prazo estabelecido no caput, a Unidade Judiciária correspondente poderá inutilizar os documentos mantidos sob sua guarda em meio impresso.

Art. 16. Os documentos que forem juntados eletronicamente em autos digitais e reputados manifestamente impertinentes pelo Juízo poderão ter, observado o contraditório, sua visualização tornada indisponível por expressa determinação judicial.

Art. 17. Os documentos digitalizados e anexados às petições eletrônicas serão classificados e organizados de forma a facilitar o exame dos autos eletrônicos.

Parágrafo único. Quando a forma de apresentação dos documentos puder ensejar prejuízo ao exercício do contraditório e da ampla defesa, deverá o juiz determinar nova apresentação e a exclusão dos anteriormente juntados.

Art. 18. Os órgãos do Poder Judiciário que utilizarem o Processo Judicial Eletrônico – PJe manterão instalados equipamentos à disposição das partes, advogados e interessados para consulta ao conteúdo dos autos digitais, digitalização e envio de peças processuais e documentos em meio eletrônico.

§ 1º Para os fins do caput, os órgãos do Poder Judiciário devem providenciar auxílio técnico presencial às pessoas com deficiência e que comprovem idade igual ou superior a 60 (sessenta) anos.

§ 2º Os órgãos do Poder Judiciário poderão realizar convênio com a Ordem dos Advogados do Brasil (OAB) ou outras associações representativas de advogados, bem como com órgãos públicos, para compartilhar responsabilidades na disponibilização de tais espaços, equipamentos e auxílio técnico presencial.

Seção IV
Dos Atos Processuais

Art. 19. No processo eletrônico, todas as citações, intimações e notificações, inclusive da Fazenda Pública, far-se-ão por meio eletrônico, nos termos da Lei n. 11.419, de 19 de dezembro de 2006.

§ 1º As citações, intimações, notificações e remessas que viabilizem o acesso à íntegra do processo correspondente serão consideradas vista pessoal do interessado para todos os efeitos legais, nos termos do § 1º do art. 9º da Lei n. 11.419, de 19 de dezembro de 2006.

§ 2º Quando, por motivo técnico, for inviável o uso do meio eletrônico para a realização de citação, intimação ou notificação, ou nas hipóteses de urgência/determinação expressa do magistrado, esses atos processuais poderão ser praticados segundo as regras ordinárias, digitalizando-se e destruindo-se posteriormente o documento físico.

§ 3º Os Tribunais poderão publicar no Diário da Justiça Eletrônico as citações, intimações e notificações de processos em tramitação no sistema PJe, nos termos do art. 4º e parágrafos da Lei n. 11.419, de 19 de dezembro de 2006.

Art. 20. No instrumento de notificação ou citação constará indicação da forma de acesso ao inteiro teor da petição inicial, bem como ao endereço do sítio eletrônico do PJe, nos termos do art. 6º da Lei n. 11.419, de 19 de dezembro de 2006.

Art. 21. Para efeito da contagem do prazo de 10 (dez) dias corridos de que trata o art. 5º, § 3º, da Lei n. 11.419, de 19 de dezembro de 2006, no sistema PJe:

I – o dia inicial da contagem é o dia seguinte ao da disponibilização do ato de comunicação no sistema, independentemente de esse dia ser, ou não, de expediente no órgão comunicante;

II – o dia da consumação da intimação ou comunicação é o décimo dia a partir do dia inicial, caso seja de expediente judiciário, ou o primeiro dia útil seguinte, conforme previsto no art. 5º, § 2º, da Lei n. 11.419, de 19 de dezembro de 2006.

Parágrafo único. A intercorrência de feriado, interrupção de expediente ou suspensão de prazo entre o dia inicial e o dia final do prazo para conclusão da comunicação não terá nenhum efeito sobre sua contagem, excetuada a hipótese do inciso II.

Art. 22. A distribuição da petição inicial e a juntada da resposta, dos recursos e das petições em geral, todos em formato digital, nos autos de processo eletrônico serão feitas diretamente por aquele que tenha capacidade postulatória, sem necessidade da intervenção da secretaria judicial, situação em que a autuação ocorrerá de forma automática, mediante recibo eletrônico de protocolo, disponível permanentemente para guarda do peticionante.

§ 1º No caso de petição inicial, o sistema fornecerá, imediatamente após o envio, juntamente com a comprovação de recebimento, informações sobre o número atribuído ao processo, o Órgão Julgador para o qual foi distribuída a ação e, se for o caso, a data da audiência inicial, designada automaticamente, seu local e horário de realização, dos quais será o autor imediatamente intimado.

§ 2º Os dados da autuação automática poderão ser conferidos pela unidade judiciária, que procederá a sua alteração em caso de desconformidade com os documentos apresentados, de tudo ficando registro no sistema.

§ 3º Faculta-se, quando o rito processual autorizar, a apresentação de resposta oral e a entrega de documentos em audiência, hipótese em que será reduzida a termo e lançada, juntamente com os documentos, no sistema.

Art. 23. A comprovação da entrega de expedientes por oficiais de justiça será feita por certidão circunstanciada acerca do cumprimento da diligência.

Parágrafo único. Haverá opção de digitalizar a contrafé subscrita pelos destinatários e juntá-la aos autos, ou realizar a guarda desta em meio físico, até o trânsito em julgado da sentença ou transcurso do prazo para ação rescisória, quando cabível.

Art. 24. Os avisos de recebimento (ARs) devidamente assinados pelo recebedor das comunicações feitas pelos Correios deverão ser digitalizados e os respectivos arquivos juntados aos autos eletrônicos.

Art. 25. As atas e termos de audiência poderão ser assinados digitalmente apenas pelo presidente do ato, assim como o documento digital, no caso de audiências gravadas em áudio e vídeo, os quais passarão a integrar os autos digitais, mediante registro em termo.

Parágrafo único. Os demais participantes da audiência que possuam assinatura digital poderão assinar os termos.

Art. 26. Os atos processuais praticados por usuários externos considerar-se-ão realizados na data e horário do seu envio no PJe.

§ 1º A postulação encaminhada considerar-se-á tempestiva quando enviada, integralmente, até as 24 (vinte e quatro) horas do dia em que se encerra o prazo processual, considerado o horário do Município sede do órgão judiciário ao qual é dirigida a petição.

§ 2º A suspensão dos prazos processuais não impedirá o encaminhamento de petições e a movimentação de processos eletrônicos, podendo a apreciação dos pedidos decorrentes desses prazos ocorrer, a critério do juiz, após o término do prazo de suspensão, ressalvados os casos de urgência.

§ 3º O sistema fornecerá ao usuário externo recibo eletrônico da prática do ato processual, disponível permanentemente para guarda do peticionante, contendo a data e o horário da prática do ato, a identificação do processo, o nome do remetente e/ou do usuário que assinou eletronicamente o documento e, se houver, o assunto, o órgão destinatário da petição e as particularidades de cada arquivo eletrônico, conforme informados pelo remetente.

§ 4º Será de integral responsabilidade do remetente a equivalência entre os dados informados para o envio e os constantes da petição remetida.

§ 5º Não serão considerados, para fins de tempestividade, o horário inicial de conexão do usuário à internet, o horário de acesso do usuário ao sítio eletrônico do Tribunal ou ao PJe, tampouco os horários registrados pelos equipamentos do remetente.

§ 6º A não obtenção de acesso ao PJe e eventual defeito de transmissão ou recepção de dados não-imputáveis à indisponibilidade ou impossibilidade técnica do sistema não servirão de escusa para o descumprimento de prazo processual, salvo deliberação expressa da autoridade judiciária competente.

Seção V
Da Consulta e do Sigilo

Art. 27. A consulta ao inteiro teor dos documentos juntados ao PJe somente estará disponível pela rede mundial de computadores, nos termos da Lei n. 11.419, de 19 de dezembro de 2006, e da Resolução CNJ n. 121, de 5 de outubro de 2010, para as respectivas partes processuais, advogados em geral, Ministério Público e para os magistrados, sem prejuízo da possibilidade de visualização nas Secretarias dos Órgãos Julgadores, à exceção daqueles que tramitarem em sigilo ou segredo de justiça.

§ 1º Para a consulta de que trata o caput deste artigo será exigido o credenciamento no sistema, dispensado na hipótese de consulta realizada nas secretarias dos órgãos julgadores.

§ 2º Os sítios eletrônicos do PJe dos Conselhos e dos Tribunais deverão ser acessíveis somente por meio de conexão segura HTTPS, e os servidores de rede deverão possuir certificados digitais Equipamento Servidor da ICP-Brasil adequados para essa finalidade.

Art. 28. Na propositura da ação, o autor poderá requerer segredo de justiça para os autos processuais ou sigilo para um ou mais documentos ou arquivos do processo, através de indicação em campo próprio.

§ 1º Em toda e qualquer petição poderá ser requerido sigilo para esta ou para documento ou arquivo a ela vinculado.

§ 2º Requerido o segredo de justiça ou sigilo de documento ou arquivo, este permanecerá sigiloso até que o magistrado da causa decida em sentido contrário, de ofício ou a requerimento da parte contrária.

§ 3º O Tribunal poderá configurar o sistema de modo que processos de determinadas classes, assuntos ou por outros critérios sejam considerados em segredo de justiça automaticamente.

§ 4º Nos casos em que o rito processual autorize a apresentação de resposta em audiência, faculta-se a sua juntada antecipada aos autos eletrônicos, juntamente com os documentos, hipótese em que permanecerão ocultos para a parte contrária, a critério do advogado peticionante, até a audiência.

Seção VI
Do Uso Inadequado do Sistema

Art. 29. O uso inadequado do sistema que cause redução significativa de sua disponibilidade poderá ensejar o bloqueio total, preventivo e temporário, do usuário.

§ 1º Considera-se uso inadequado do sistema, para fins do caput, as atividades que evidenciem ataque ou uso desproporcional dos ativos computacionais.

§ 2º Na hipótese do caput deve ser procedido o imediato contato com o usuário bloqueado para identificação da causa do problema e reativação no sistema e, em caso de advogado, a comunicação à respectiva Seccional da Ordem dos Advogados do Brasil.

§ 3º A automatização de consultas ao sistema deve ser feita mediante utilização do modelo nacional de interoperabilidade, previsto na Resolução Conjunta CNJ/CNMP n. 3, de 16 de abril de 2013.

CAPÍTULO II
DA ADMINISTRAÇÃO DO SISTEMA

Seção I
Dos Comitês Gestores

Art. 30. A administração do PJe caberá ao Comitê Gestor Nacional e aos Comitês Gestores dos Conselhos e dos Tribunais, no âmbito de suas respectivas áreas de atuação, compostos por usuários internos e externos do sistema.

§ 1º Os Comitês Gestores dos Conselhos e dos Tribunais terão composição e atribuições definidas por atos dos órgãos que os constituírem, observadas as regras desta Resolução e as deliberações do Comitê Gestor Nacional.

§ 2º É instituído o Comitê Gestor da Justiça dos Estados e do Distrito Federal e dos Territórios (CGJE-PJe), composto por membros dos Tribunais com o PJe em produção, cujas atribuições serão definidas por ato do Presidente do CNJ, garantida a participação de representantes do Ministério Público, da Ordem dos Advogados do Brasil, da advocacia pública e da Defensoria Pública, indicados pelas respectivas instituições.

§ 3º Faculta-se a participação no CGJE-PJe, como ouvintes, dos Tribunais com o PJe em fase de implantação.

Art. 31. O Comitê Gestor Nacional supervisionará o gerenciamento, a especificação, o desenvolvimento, a implantação, o suporte e a manutenção corretiva e evolutiva do Processo Judicial Eletrônico – PJe, bem como desempenhará as seguintes atribuições:

I – definir requisitos funcionais e não funcionais do sistema, conciliando as necessidades dos diversos segmentos do Poder Judiciário e dos usuários externos, com o auxílio dos grupos de requisitos, de mudanças e de gestão geral do projeto;

II – propor normas regulamentadoras do sistema à Comissão Permanente de Tecnologia da Informação e Infraestrutura do Conselho Nacional de Justiça;

III – elaborar, aprovar e alterar o plano de projeto;

IV – autorizar a implementação de mudanças, inclusive de cronograma;

V – aprovar o plano de gerência de configuração e o cronograma de liberação de versões, cujo conteúdo será definido pela gerência técnica do PJe;

VI – designar e coordenar reuniões do grupo de mudanças e do grupo de gerência geral;

VII – designar os componentes dos grupos de mudanças, do grupo de gerência geral e dos grupos de trabalho de desenvolvimento e de fluxos, previstos no plano de projeto;

VIII – deliberar sobre questões não definidas no plano de projeto e realizar outras ações para o cumprimento do seu objetivo.

Art. 32. As deliberações do Comitê Gestor Nacional serão comunicadas à Presidência e à Comissão Permanente de Tecnologia da Informação e Infraestrutura do CNJ.

Art. 33. Os membros do Comitê Gestor Nacional do PJe serão designados por ato do Presidente do CNJ, garantida a participação de representantes de todos os segmentos do Poder Judiciário, do Conselho Nacional do Ministério Público, da Ordem dos Advogados do Brasil, da advocacia pública e da Defensoria Pública, indicados pelas respectivas instituições.

Parágrafo único. Até deliberação ulterior, o Comitê terá a composição prevista na Portaria CNJ n. 65, de 22 de abril de 2010, e suas modificações posteriores.

CAPÍTULO III
DA IMPLANTAÇÃO

Art. 34. As Presidências dos Tribunais devem constituir Comitê Gestor e adotar as providências necessárias à implantação do PJe, conforme plano e cronograma a serem previamente aprovados pela Presidência do CNJ, ouvido o Comitê Gestor Nacional.

§ 1º Os Tribunais encaminharão à Presidência do CNJ e, quando houver, à do Conselho de seu segmento do Poder Judiciário, no prazo de 120 (cento e vinte) dias, cópias do ato constitutivo do Comitê Gestor, do plano e do cronograma de implantação do PJe.

§ 2º O plano deve descrever as ações e contemplar informações sobre os requisitos necessários à implantação, como infraestrutura de tecnologia da informação e capacitação de usuários, observado modelo a ser disponibilizado pelo CNJ.

§ 3º O cronograma deve relacionar os órgãos julgadores de 1º e 2º Graus em que o PJe será gradualmente implantado, a contar do ano de 2014, de modo a atingir 100% (cem por cento) nos anos de 2016, 2017 ou 2018, a depender do porte do Tribunal no relatório Justiça em Números (pequeno, médio ou grande porte, respectivamente).

§ 4º No ano de 2014, o PJe deve ser implantado em, no mínimo, 10% (dez por cento) dos órgãos julgadores de 1ª e 2ª Graus.

Art. 35. O Tribunal ou Conselho deverá divulgar na página principal de seu sítio na internet e no respectivo veículo de comunicação oficial dos atos processuais, com antecedência mínima de 90 (noventa) dias, os órgãos julgadores em que o PJe será implantado, incluindo informação sobre a amplitude da competência abrangida pela implantação.

§ 1º No território de órgão jurisdicional em que tenha havido a implantação do PJe, a ampliação para outras competências ou órgãos deverá ser precedida de divulgação com prazo mínimo de 30 (trinta) dias.

§ 2º As divulgações de que tratam o caput e o § 1º deverão ser mantidas na página principal do sítio do Tribunal ou Conselho na internet durante os prazos neles mencionados.

§ 3º É necessária apenas uma publicação no órgão de comunicação oficial dos atos processuais.

§ 4º A divulgação a que se referem o caput e o parágrafo primeiro também será feita por meio de ofício à seção da Ordem dos Advogados do Brasil, ao Ministério Público, à Defensoria Pública e aos órgãos de Advocacia Pública.

Art. 36. A partir da implantação do PJe, o recebimento de petição inicial ou de prosseguimento, relativas aos processos que nele tramitam, somente pode ocorrer no meio eletrônico próprio do sistema, sendo vedada, nesta hipótese, a utilização de qualquer outro sistema de peticionamento eletrônico, exceto nas situações especiais previstas nesta Resolução.

Art. 37. A instalação da versão atualizada do sistema ficará a cargo das equipes técnicas dos Conselhos e Tribunais e deverá ocorrer no prazo máximo de 30 (trinta) dias, a partir do lançamento da versão devidamente homologada.

Parágrafo único. Os procedimentos de homologação e instalação das versões serão disciplinados pela gerência técnica do projeto, devendo incluir a realização de testes por equipes designadas pelos Tribunais.

CAPÍTULO IV
DAS DISPOSIÇÕES FINAIS

Art. 38. Os artefatos instaláveis do PJe, fornecidos aos Conselhos e Tribunais, não poderão ser repassados a terceiros sem autorização expressa do CNJ.

Art. 39. Os códigos fontes do Sistema PJe, e respectiva documentação técnica, serão entregues aos Conselhos e Tribunais que atuem junto ao CNJ como fábrica do sistema, mediante assinatura, pelo respectivo Presidente, de Termo de Uso e Confidencialidade que assegure sua utilização para os fins e nos moldes previstos pelo CNJ.

Parágrafo único. Ato do Comitê Gestor Nacional do PJe, referendado pela Comissão Permanente de Tecnologia da Informação e Infraestrutura e pela Presidência do CNJ, disciplinará o processo de distribuição dos códigos-fontes e respectiva documentação do PJe.

Art. 40. Os Conselhos e Tribunais promoverão a capacitação de usuários internos, a fim de prepará-los para aproveitamento adequado do PJe.

Art. 41. A partir da data de implantação do PJe, os Tribunais manterão, no âmbito de suas atribuições, estruturas de atendimento e suporte aos usuários.

§ 1º Os Conselhos e Tribunais deverão treinar multiplicadores do Ministério Público, da OAB, das Procuradorias de órgãos públicos e da Defensoria Pública, previamente à obrigatoriedade de utilização do PJe.

§ 2º Os Conselhos e Tribunais deverão disponibilizar ambiente de treinamento do PJe, acessível ao público externo.

Art. 42. As cartas precatórias expedidas para as unidades judiciárias nas quais tenha sido implantado o PJe tramitarão também em meio eletrônico e quando da devolução ao juízo deprecante será encaminhada certidão constando o seu cumprimento com a materialização apenas de peças essenciais à compreensão dos atos realizados.

Art. 43. O juiz da causa resolverá todas as questões relativas à utilização e ao funcionamento do PJe em cada caso concreto, inclusive as hipóteses não previstas neste regramento.

Art. 44. A partir da vigência desta Resolução é vedada a criação, desenvolvimento, contratação ou implantação de sistema ou módulo de processo judicial eletrônico diverso do PJe, ressalvadas a hipótese do art. 45 e as manutenções corretivas e evolutivas necessárias ao funcionamento dos sistemas já implantados ou ao cumprimento de determinações do CNJ.

Parágrafo único. A possibilidade de contratação das manutenções corretivas e evolutivas referidas no caput deste artigo não prejudica o integral cumprimento do disposto no art. 34 desta Resolução.

Art. 45. O Plenário do CNJ pode, a requerimento do Tribunal, relativizar as regras previstas nos arts. 34 e 44 desta Resolução quando entender justificado pelas circunstâncias ou especificidades locais.

Art. 46. As doações de ativos de tecnologia da informação pelo CNJ serão direcionadas, exclusivamente, aos Tribunais que implantaram ou estão em fase de implantação do PJe.

Art. 47. O CNJ coordenará as ações permanentes de desenvolvimento e manutenção do PJe, realizadas por equipe do CNJ, dos Conselhos e de todos os Tribunais, presencialmente ou a distância.

Art. 48. Os casos não disciplinados por esta Resolução e que possuam caráter nacional serão resolvidos pela Presidência do Conselho Nacional de Justiça, que poderá delegar tal atribuição à Comissão Permanente de Tecnologia da Informação e Infraestrutura do CNJ.

Art. 49. Esta Resolução entra em vigor na data de sua publicação.

Ministro **Joaquim Barbosa**

2.1. O Objetivo do CNJ: O Conselho Nacional de Justiça buscou com esta Resolução unificar os sistemas processuais de todos os Tribunais. A resolução traz conceitos e respostas fulcrais ao perfeito entendimento da normativa pelo profissional do Direito, delineando, inclusive, metas claras para resolução dos possíveis imbróglios encontrados durante o processo de transição, que se fará findo somente quando todos os Órgãos Judiciais alcançarem a meta de 100% (cem porcento) dos processos digitais.

2.2. As principais características da Resolução: A indicada Resolução trata, dentre outros detalhes, da forma de utilização, acesso e funcionamento do Pje; da formatação do atos processuais no Pje; da consulta e sigilo das informações; das hipóteses de uso inadequado do sistema; dos comitês gestores vinculados à administração do sistema e das peculiaridades da implantação nos Órgãos Judiciais, conforme plano e cronograma a serem previamente aprovados pela Presidência do CNJ, ouvido o Comitê Gestor Nacional.

2.3. O Sigilo das informações: Aos cadastrados e interessados no PJe será fornecida senha para acesso aos autos e documentos eletrônicos, preservando, desta forma, as questões de sigilo e segredo de justiça.

→ **Aplicação em Concurso**

- *TRT 8.º Região (PA e AP) – 2014 – Juiz do Trabalho*

A Lei n.º 11.419, de 19 de dezembro de 2006, sobre a informatização do processo judicial, alterou a Lei nº 5.869, de 11 de janeiro de 1973 – Código de Processo Civil. Desta forma, assinale a alternativa **INCORRETA:**

a) Quando a petição eletrônica for enviada para atender prazo processual, serão consideradas tempestivas as transmitidas até as 24 (vinte e quatro) horas do seu último dia.

b) O magistrado poderá determinar que sejam realizados por meio eletrônico a exibição e o envio de dados e de documentos necessários à instrução do processo.

c) Os documentos digitalizados juntados em processo eletrônico estarão disponíveis para acesso por meio da rede externa para todos os usuários, respeitado o disposto em lei para as situações de sigilo e de segredo de justiça.

d) Os tribunais poderão criar Diário da Justiça eletrônico, disponibilizado em sítio da rede mundial de computadores, para publicação de atos judiciais e administrativos próprios e dos órgãos a eles subordinados, bem como comunicações em geral e os prazos processuais terão início no primeiro dia útil que seguir ao considerado como data da publicação.

e) As cartas precatórias, rogatórias, de ordem e, de um modo geral, todas as comunicações oficiais que transitem entre órgãos do Poder Judiciário, bem como entre os deste e os dos demais Poderes, serão feitas preferentemente por meio eletrônico.

Resposta: C

2.4. O CNJ e a sigilosidade processual: O Conselho Nacional de Justiça em sua resolução n.º 121 de 5 de outubro de 2010, regulamentou a sigilosidade do processo eletrônico da seguinte forma:

RESOLUÇÃO 121 –
CONSELHO NACIONAL DE JUSTIÇA

Art. 1.º A consulta aos dados básicos dos processos judiciais será disponibilizada na rede mundial de computadores (internet), assegurado o direito de acesso a informações processuais a toda e qualquer pessoa, independentemente de prévio cadastramento ou de demonstração de interesse.

Parágrafo único. No caso de processo em sigilo ou segredo de justiça não se aplica o disposto neste artigo.

Art. 2.º Os dados básicos do processo de livre acesso são:

I – número, classe e assuntos do processo;

II – nome das partes e de seus advogados;

III – movimentação processual;

IV – inteiro teor das decisões, sentenças, votos e acórdãos.

Art. 3.º O advogado cadastrado e habilitado nos autos, as partes cadastradas e o membro do Ministério Público cadastrado terão acesso a todo o conteúdo do processo eletrônico.

§ 1º. Os sistemas devem possibilitar que advogados, procuradores e membros do Ministério Público cadastrados, mas não vinculados a processo previamente identificado, acessem automaticamente todos os atos e documentos processuais armazenados em meio eletrônico, desde que demonstrado interesse, para fins, apenas, de registro, salvo nos casos de processos em sigilo ou segredo de justiça.

§ 2º. Deverá haver mecanismo que registre cada acesso previsto no parágrafo anterior.

Art. 4.º As consultas públicas dos sistemas de tramitação e acompanhamento processual dos Tribunais e Conselhos, disponíveis na rede mundial de computadores, devem permitir a localização e identificação dos dados básicos de processo judicial segundo os seguintes critérios: (Redação dada pela Resolução nº 143, de 30.11.2011)

I – número atual ou anteriores, inclusive em outro juízo ou instâncias;

II – nomes das partes;

III – número de cadastro das partes no cadastro de contribuintes do Ministério da Fazenda;

IV – nomes dos advogados;

V – registro junto à Ordem dos Advogados do Brasil.

§ 1º. A consulta ficará restrita às seguintes situações: (Redação dada pela Resolução nº 143, de 30.11.2011)

I – ao inciso I da cabeça deste artigo, nos processo criminais, após o trânsito em julgado da decisão absolutória, da extinção da punibilidade ou do cumprimento da pena; (Redação dada pela Resolução nº 143, de 30.11.2011)

II – aos incisos I, IV e V da cabeça deste artigo, nos processo sujeitos à apreciação da Justiça do Trabalho. (Redação dada pela Resolução nº 143, de 30.11.2011)

§ 2º. Os nomes das vítimas não se incluem nos dados básicos dos processos criminais.

Art. 5.º A disponibilização de consultas às bases de decisões judiciais impedirá, quando possível, a busca pelo nome das partes.

Art. 6º. A certidão judicial se destina a identificar os termos circunstanciados, inquéritos ou processos em que a pessoa a respeito da qual é expedida figura no pólo passivo da relação processual originária.

Art. 7º. A certidão judicial deverá conter, em relação à pessoa a respeito da qual se certifica:

I – nome completo;

II – o número do cadastro de contribuinte no Ministério da Fazenda;

III – se pessoa natural:

a) nacionalidade;

b) estado civil;

c) números dos documentos de identidade e dos respectivos órgãos expedidores;

d) filiação; e

d) o endereço residencial ou domiciliar.

IV – se pessoa jurídica ou assemelhada, endereço da sede; e

V – a relação dos feitos distribuídos em tramitação contendo os números, suas classes e os juízos da tramitação originária.

§ 1º. Não será incluído na relação de que trata o inciso V o processo em que houver gozo do benefício de sursis (art. 163, § 2º da Lei no. 7.210, de 1984) ou quando a pena já tiver sido extinta ou cumprida, salvo para instruir processo pela prática de nova infração penal ou outros casos expressos em lei (art. 202, da Lei 7.210, de 1984).

§ 2º. A ausência de alguns dos dados não impedirá a expedição da certidão negativa se não houver dúvida quanto à identificação física da pessoa.

Art. 8º. A certidão judicial, cível ou criminal, será negativa quando não houver feito em tramitação contra a pessoa a respeito da qual foi solicitada.

§1º. A certidão judicial criminal também será negativa:

I – quando nela constar a distribuição de termo circunstanciado, inquérito ou processo em tramitação e não houver sentença condenatória transitada em julgado.

II – em caso de gozo do benefício de sursis (art. 163, § 2º. da Lei no. 7.210, de 1984) ou a pena já tiver sido extinta ou cumprida.

§ 2º Também deverá ser expedida certidão negativa quando, estando suficientemente identificada a pessoa a respeito da qual se solicitou a certidão, houver registro de processo referente a homônimo e a individualização dos processos não puder ser feita por carência de dados do Poder Judiciário, caso em que deverá constar essa observação.

Art. 9º. O requerente de certidão negativa sobre a sua situação poderá, na hipótese do §1º inciso I, do artigo anterior, solicitar a inclusão do resumo da sentença absolutória ou que determinou o arquivamento.

Art. 10. A certidão requisitada mediante determinação judicial deverá informar todos os registros constantes em nome da pessoa.

Art. 11. A certidão judicial negativa será expedida eletronicamente por meio dos portais da rede mundial de computadores.

Art. 12. A certidão judicial positiva poderá ser expedida eletronicamente àqueles previamente cadastrados no sistema processual, contendo, se for o caso, o resumo da sentença criminal (Art. 2º. da Lei 11.971, de 2009).

Parágrafo único. A pessoa não cadastrada solicitará a expedição de certidão conforme regulamentado pelo tribunal respectivo.

Art. 13. Os órgãos jurisdicionais de que tratam os incisos I-A a VII do art. 92 da Constituição deverão observar os termos desta Resolução a partir de 180 (cento e oitenta) dias da data de sua publicação.

Parágrafo único. A pessoa prejudicada pela disponibilização de informação na rede mundial de computadores em desconformidade com esta Resolução poderá solicitar a retificação ao órgão jurisdicional responsável.

Art. 14. Está Resolução entra em vigor a partir de sua publicação.

Ministro **CEZAR PELUSO**

2.5.A aplicabilidade da Resolução: No que pese a ordinatória utilização da Resolução supracitada, o STF já sinalizou, com finco na Resolução 356/2008 daquela Corte, ser contrário a algumas medidas adotadas nela, como, por exemplo, quanto ao impedimento de pesquisa por nome de partes e no que tange à expedição de certidão de antecedentes e a publicização das informações processuais no site da do Supremo. Importante constar, que embora presente a indicada divergência, todos os Tribunais já estão se adaptando para implantarem a resolução em seus sistemas eletrônicos.

CAPÍTULO III
DO PROCESSO ELETRÔNICO

"**Art. 8º** Os órgãos do Poder Judiciário poderão **desenvolver sistemas** eletrônicos de processamento de ações judiciais por meio de autos total ou parcialmente digitais, utilizando, preferencialmente, a rede mundial de computadores e **acesso por meio de redes internas e externas.**

Parágrafo único. Todos os atos processuais do processo eletrônico serão **assinados eletronicamente** na forma estabelecida nesta Lei."

1. **A Obrigatoriedade do PJe:** Com a edição da Resolução n.º 185/2013 do CNJ, conforme analisado em ponto anterior, que tornou obrigatório em todo o território nacional a utilização do PJe como sistema processual único e impossibilitou os Tribunais de desenvolver outros sistemas, podemos afirmar que o art. 8.º não poderá ser interpretado de forma ampliativa, mas sim em conjunto com a supracitada Resolução, limitando, portanto, os Órgãos Judiciais ao desenvolvimento do sistema processual único (PJe).

2. **A nulidade da ausência da assinatura digital:** O parágrafo único continua plenamente aplicado, pois a falta da assinatura dos atos eletrônicos torna o mesmo e seus efeitos nulos.

→ Aplicação em Concurso

- *FCC – Técnico Judiciário (TRT 2ª Região)/Administrativa/"Sem Especialidade"/2014/*

  No tocante ao processo eletrônico, instituído pela Lei nº 11.419/2006, é correto afirmar:

a) Considera-se como data da publicação o primeiro dia útil seguinte ao da disponibilização da informação no Diário da Justiça eletrônico, quando terão início os prazos processuais.

b) Somente os atos processuais do processo eletrônico devidamente autorizados pelos Presidentes dos Tribunais é que poderão ser assinados eletronicamente na forma estabelecida na referida lei.

c) Todos os atos processuais do processo eletrônico serão assinados eletronicamente na forma estabelecida na referida lei.

d) No processo eletrônico, todas as citações, intimações e notificações, exceto as da Fazenda Pública, serão feitas por meio eletrônico, na forma da referida lei.

e) Quando o ato processual tiver que ser praticado em determinado prazo, por meio de petição eletrônica, serão considerados tempestivos os efetivados até às 22 horas do último dia.

Resposta: C.

3. **A assinatura digital legalmente prevista:** Todos os atos processuais do processo eletrônico serão assinados eletronicamente na forma estabelecida na referida lei. Atualmente, a forma legalmente prevista para formulação da assinatura eletrônica é o certificado digital ICP-Brasil, requisito essencial a todos os usuários do direito eletrônico.

"**Art. 9.º** No processo eletrônico, todas as **citações, intimações e notificações, inclusive da Fazenda Pública**, serão feitas por **meio eletrônico**, na forma desta Lei.

§ 1.º As citações, intimações, notificações e remessas que **viabilizem o acesso à íntegra do processo** correspondente **serão consideradas vista pessoal** do interessado para todos os efeitos legais.

§ 2.º Quando, por motivo técnico, for **inviável o uso do meio eletrônico** para a realização de citação, intimação ou notificação, esses atos processuais poderão ser **praticados segundo as regras ordinárias**, digitalizando-se o documento físico, que deverá ser posteriormente destruído."

1. **A citação em meio eletrônico e o CPC:** O antigo Código de Processo Civil foi alterado pelo art. 20 da Lei nº. 11.419/2006, com a intenção de agregar ao rol do art. 221 do CPC, o inciso IV, pelo qual resta possível que a citação seja feita por "meio eletrônico, conforme regulado em lei própria". A referida regulamentação foi feita pelo art. 6.º da lei em estudo, ao firmar que: "(...) Observadas as formas e as cautelas do art. 5º desta Lei, as citações, inclusive da Fazenda Pública, excetuadas as dos Direitos Processuais Criminal e Infracional, poderão ser feitas por meio eletrônico, desde que a íntegra dos autos seja acessível ao citando".
2. **A intimação em meio eletrônico e o CPC:** Novo CPC, art. 270, caput: "As intimações realizam-se, sempre que possível, por meio eletrônico, na forma da lei". Vale lembrar que por força do que preceitua o § 5.º, do art. 5º, da Lei nº. 11.419/06, caso haja uma indisponibilidade técnica do sistema processual eletrônico, tal circunstância não pode impedir que o ato de intimação se promova, podendo o Magistrado autorizar a realização da intimação por meio diverso a fim de evitar quaisquer pre-

juízos às partes litigantes. Obviamente, tal decisão do juízo deve estar calcada em situações excepcionais justificadas pelas peculiaridades do caso concreto.

► **STJ e a Publicação**

> "AGRAVO REGIMENTAL NO AGRAVO EM RECURSO ESPECIAL. RECURSO ESPECIAL INTEMPESTIVO. PROCESSO ELETRÔNICO. INÍCIO DO PRAZO RECURSAL. INTIMAÇÃO DIÁRIO DE JUSTIÇA ELETRÔNICO. LEI Nº 11.419/06. AGRAVO REGIMENTAL IMPROVIDO.
>
> 1. Não se conhece de recurso especial interposto fora do prazo legal de 15 (quinze) dias. 2. Nos termos da Lei nº 11.419/06, o início do prazo para recorrer, nas intimações realizadas via Diário de Justiça Eletrônico, dá-se no primeiro dia útil que se seguir ao considerado como data da publicação. 3. Agravo regimental improvido." (AgRg no AREsp 456.475/SP, Rel. Ministro MOURA RIBEIRO, QUINTA TURMA, julgado em 20/03/2014, DJe 28/03/2014).

3. **O início do prazo:** Prazo processual terá seu início sempre contado a partir do **primeiro dia útil** após a publicação.

→ **Aplicação em Concurso**

- *FCC – 2013 – TRT – 15ª Região (Campinas) – Analista Judiciário – Área Judiciária*

Considere as seguintes assertivas a respeito do Processo Eletrônico, nos termos da Lei nº 11.419/06:

I. No processo eletrônico, todas as citações, intimações e notificações, inclusive da Fazenda Pública, serão feitas por meio eletrônico, na forma da respectiva lei.

II. Os documentos cuja digitalização seja tecnicamente inviável devido ao grande volume ou por motivo de ilegibilidade deverão ser apresentados ao cartório ou secretaria no prazo de 10 dias contados do envio de petição eletrônica comunicando o fato, os quais serão devolvidos à parte após o trânsito em julgado.

III. Os autos dos processos eletrônicos deverão ser protegidos por meio de sistemas de segurança de acesso e armazenados em meio que garanta a preservação e integridade dos dados, sendo obrigatória a formação de autos suplementares.

Está correto o que se afirma APENAS em

a) I e III.

b) I e II.

c) II.

d) II e III.

e) III.

Resposta: B

4. **O Processo Eletrônico e os Sistemas de Segurança:** A única alternativa incorreta é a afirmativa III pois "Os autos dos processos eletrônicos deverão ser protegidos por meio de sistemas de segurança de acesso e armazenados em meio que garanta a preservação e integridade dos dados, sendo **dispensada** a formação de autos suplementares."

- *PGR – 2008 – PGR – Procurador da República*

ASSINALE A ALTERNATIVA CORRETA:

a) quando verificar, de acordo com laudo médico, que o citando é demente, o juiz lhe nomeará curador que ficará legitimado a receber a citação e a fazer a defesa do réu, bem como a representá-lo nos demais atos da vida civil.

b) Quando os litisconsortes tiverem diferentes procuradores o prazo para recorrer é contado em dobro, ainda que somente um deles tenha sucumbido.

c) as sanções impostas às partes em consequência de má-fé serão contadas como custas e reverterão em benefício da parte contrária, enquanto que as impostas aos serventuários pertencerão ao Estado.

d) no processo eletrônico quando, por motivo técnico, for inviável o uso de meio eletrônico para a realização de citação, intimação ou notificação, esses atos processuais poderão ser praticados segundo as regras ordinárias, digitalizando-se o documento físico, que deverá permanecer arquivado na Secretaria.

Resposta: A

5. **Impossibilidade de citação eletrônica:** A questão acima, traz em sua alternativa 'D', uma afirmação incorreta a respeito da inviabilidade da comunicação eletrônica, **visto que, nesta situação, após digitalizado o documento será destruído**, conforme disposto no § 2.º do artigo em comento.

"**Art. 10.** A **distribuição** da petição inicial e a **juntada** da contestação, dos recursos e das petições em geral, todos em formato digital, nos autos de processo eletrônico, **podem ser feitas diretamente pelos advogados** públicos e privados, sem necessidade da intervenção do cartório ou secretaria judicial, situação em que a autuação deverá se dar de forma automática, fornecendo-se recibo eletrônico de protocolo.

§ 1º Quando o ato processual tiver que ser praticado em determinado prazo, por meio de petição eletrônica, serão considerados **tempestivos os efetivados até as 24 (vinte e quatro) horas do último dia.**

§ 2º No caso do § 1º deste artigo, se o Sistema do Poder Judiciário se tornar **indisponível por motivo técnico, o prazo fica automaticamente prorrogado para o primeiro dia útil seguinte à resolução do problema.**

§ 3º Os órgãos do Poder Judiciário deverão manter equipamentos de digitalização e de acesso à rede mundial de computadores à disposição dos interessados para distribuição de peças processuais."

1. **A distribuição Automática:** A distribuição automática ainda não é uma realidade encontrada na maioria dos sistemas judiciais, pois os estudos de prevenção de cada Tribunal possuem caráter muito particular e em diversos casos critérios subjetivos.
2. **Da juntada Automática:** A juntada, por sua vez, já é encontrada funcionando em alguns Tribunais, como por exemplo: TJSP, TJRN, TJSC e TJAC. Ocorre, porém, que embora o procedimento seja automático, ainda se faz necessário o lançamento manual da respectiva movimentação, constante na tabela de movimento das Tabelas Processuais Unificadas – TPU's, instituída pela Resolução n.º 65/2010 do CNJ, pelo cartório ou secretaria judicial, o que, por vezes, traz margem de falibilidade ao resultado pretendido.

→ **Aplicação em Concurso**

- *CONSULPLAN – 2012 – TSE – Analista Judiciário – Área Judiciária*

A Lei nº 11.419/2006 dispõe sobre a informatização do processo judicial. A esse respeito, é INCORRETO afirmar que

a) no processo eletrônico, todas as citações, intimações e notificações, inclusive da Fazenda Pública, serão feitas por meio eletrônico, na forma da Lei nº 11.419/2006.

b) serão consideradas vista pessoal do interessado para todos os efeitos legais as citações, intimações, notificações e remessas que viabilizem o acesso à íntegra do processo correspondente.

c) os documentos produzidos eletronicamente e juntados aos processos eletrônicos com garantia da origem e de seu signatário, na forma estabelecida na Lei nº 11.419/2006, serão considerados originais para todos os efeitos legais.

d) quando o ato processual tiver que ser praticado em determinado prazo, por meio de petição eletrônica, serão considerados tempestivos os efetivados até as dezoito horas do último dia.

Resposta: D

3. O término do prazo processual: Ressalte-se que a alternativa "D" está incorreta, conforme dito em pontos anteriores, devido a disposição do § 1.º, pelo qual, serão considerados tempestivos os atos efetivados até as 24 (vinte e quatro) horas do último dia do prazo. Este entendimento, foi novamente cobrado pela Consulplan em 2013. Senão vejamos:

→ Aplicação em Concurso

- *CONSULPLAN – 2013 – TRE-MG – Analista Judiciário – Área Judiciária*

"Desde fevereiro de 2013, as ações distribuídas nas varas cíveis do Fórum João Mendes Júnior, no Tribunal de Justiça do Estado de São Paulo, devem observar o procedimento digital. Poucos meses antes, naquele mesmo fórum, havia sido adotado o sistema híbrido de processos físicos (papel) e digitais, mas, a partir de fevereiro, somente os feitos de papel já propostos terão seguimento no formato convencional, devendo os novos ser recebidos exclusivamente no sistema eletrônico. O Tribunal de Justiça de São Paulo já estabeleceu cronograma de processo eletrônico, inclusive para Segunda Instância."

Considerando a narrativa a respeito da realidade dos processos virtuais nos Tribunais brasileiros, assinale a afirmativa correta à luz da Lei nº 11.419, de 19 de dezembro de 2006 (informatização do processo judicial).

a) São considerados tempestivos os atos praticados por petição eletrônica até as 24 horas do último dia do prazo determinado para tal.

b) Os atos processuais dos processos eletrônicos poderão ser assinados digitalmente ou por meio da assinatura do signatário aposta no final do documento.

c) As publicações eletrônicas na forma do Diário de Justiça eletrônico não substituem outros meios de publicação oficial que devem ser realizadas para que surtam os efeitos legais.

d) Os processos eletrônicos serão admitidos em qualquer grau de jurisdição nos processos civil e trabalhista, bem como nos juizados especiais, não se admitindo quando se tratar de processo penal.

e) Os prazos processuais terão início no dia seguinte ao da disponibilização da informação no Diário da Justiça Eletrônico, mesmo que se dê em dia não útil, em razão da celeridade dos processos digitais.

Resposta: A

4. **Assinatura digital:** A alternativa "B" está incorreta, pois conforme estudamos anteriormente os documentos precisam ser eletronicamente assinados pelo signatário, não havendo qualquer necessidade da assinatura na ultima página.

5. **O início do prazo:** A alternativa "E" possui uma informação incorreta, ao informar que o início do prazo se dará no dia seguinte ao da disponibilização, quando a Lei 11.419 já assinalou em artigo anteriormente estudado, que o início do prazo ocorre no primeiro dia útil após a publicação.

6. **O Processo Eletrônico e as demais áreas do direito:** Quanto ao item "D", sabe-se que o Processo Eletrônico poderá funcionar em qualquer grau de jurisdição e em qualquer especialidade do direito, inclusive no processo penal.

7. **A instabilidade e a indisponibilidade dos sistemas:** A instabilidade é a ausência de funcionamento linear e ininterrupto de um determinado sistema. A indisponibilidade, por sua vez, é a ausência total de funcionamento daquele. Em ambos os casos, o ônus da deficiência do sistema judicial, seja por que motivo for, não poderá ser repassada às partes, desde que comprove adequadamente a instabilidade ou indisponibilidade do sistema no dia ou período designado ao peticionamento.

8. **As certidões de indisponibilidade:** É de responsabilidade do Tribunal de Justiça fornecer certidões com data e tempo total da indisponibilidade.

9. **A prorrogação do prazo:** O Art. 10 traz em um de seus parágrafos, a previsão da proteção a parte e da prorrogação automática do prazo, conforme o § 2.º: "No caso do § 1º deste artigo, se o Sistema do Poder Judiciário se tornar indisponível por motivo técnico, o prazo fica automaticamente prorrogado para o primeiro dia útil seguinte à resolução do problema".

▶ **Importante:** O Superior Tribunal de Justiça, nos art. 5.º e 7.º da Resolução n.º 14/2013, complementou a previsão disposta no § 2.º do art. 10, para os processos em trâmite naquela Corte, ao consignar que:

> Art. 5º Considera-se indisponibilidade do e-STJ a falta de oferta dos seguintes serviços ao público externo:
>
> I – consulta aos autos digitais;
>
> II – transmissão eletrônica de peças processuais, inclusive da petição eletrônica.

Parágrafo único. As falhas de transmissão de dados entre as estações de trabalho do público externo e a rede de comunicação pública, assim como a impossibilidade técnica que decorrerem de falhas nos equipamentos ou programas dos usuários, não caracterizarão indisponibilidade.

(...)

Art. 7º Os prazos que vencerem no dia da ocorrência de indisponibilidade de quaisquer dos serviços referidos no art. 5º serão prorrogados para o dia útil seguinte à retomada de funcionamento, quando:

I – a indisponibilidade for superior a sessenta minutos, ininterruptos ou não, se ocorrida entre as 6 horas e as 23 horas;

II – ocorrer indisponibilidade das 23 horas às 24 horas.

Parágrafo único. As indisponibilidades ocorridas entre a 0 hora e as 6 horas dos dias de expediente forense e as ocorridas em feriados e finais de semana, a qualquer hora, não produzirão o efeito do caput deste artigo.

10. O § 3.º prevê que: "Os órgãos do Poder Judiciário deverão manter equipamentos de digitalização e de acesso à rede mundial de computadores à disposição dos interessados para distribuição de peças processuais". Tal disposição busca valorizar os princípios do amplo acesso à justiça, contraditório e ampla defesa, atuando como norma fulcral a este período de transição de manuseio do processo físico para o eletrônico.

► **STJ e Instabilidade do sistema e Comprovação**

"PROCESSUAL CIVIL. AGRAVO REGIMENTAL NO RECURSO ESPECIAL. INTERPOSIÇÃO. RECURSO. DESCUMPRIMENTO. QUINQUÍDIO LEGAL. ALEGAÇÃO. JUSTA CAUSA. INSTABILIDADE. SISTEMA ELETRÔNICO. CERTIFICAÇÃO. PORTAL. SUPERIOR TRIBUNAL DE JUSTIÇA. SENTIDO OPOSTO. INVIABILIDADE.

(...)

2. A interposição é serôdia, portanto, porque ocorrida apenas no dia 15/09/2014, não servindo como escusa de justa causa a alegação de instabilidade no sistema de peticionamento eletrônico se, por um lado, a documentação coligida pelo interessado não comprova essa configuração, e, por outro, as informações constantes em setor próprio do portal do Superior Tribunal de Justiça na internet evidenciam a regularidade do sistema no *dies ad quem.*" (AgRg no REsp 1463679/DF, Rel. Ministro MAURO CAMPBELL MARQUES, SEGUNDA TURMA, julgado em 02/10/2014, DJe 08/10/2014).

▶ **STJ e Indisponibilidade do e-STJ (sistema processual da Corte Superior)**

"PROCESSUAL CIVIL E TRIBUTÁRIO. AGRAVO REGIMENTAL NÃO CONHECIDO. INDISPONIBILIDADE DO SISTEMA ELETRÔNICO. JUSTA CAUSA ACOLHIDA. EXECUÇÃO FISCAL. PRESCRIÇÃO. AUSÊNCIA DE CITAÇÃO. AFASTAMENTO NA ORIGEM DA SÚMULA 106/STJ. EFEITO RETROATIVO. INAPLICABILIDADE. REVISÃO DE PREMISSA FÁTICA. SÚMULA 7/STJ. 1. Revela-se justa causa apta a afastar o juízo negativo de admissibilidade do recurso anterior a comprovada indisponibilidade do sistema eletrônico desta Corte no último dia do prazo recursal por tempo superior ao disciplinado no art. 7º da Resolução STJ n. 14/2013." (EDcl no AgRg no AREsp 434.000/BA, Rel. Ministro OG FERNANDES, SEGUNDA TURMA, julgado em 18/03/2014, DJe 02/04/2014)

→ **Aplicação em Concurso**

- **STM 2011 – CESPE – Analista Judiciário – Execução de Mandatos**

Com relação à repercussão geral da questão constitucional, ao mandado de segurança, à informatização do processo judicial e às resoluções do Superior Tribunal Militar (STM) referentes à petição por fax, julgue os itens subsequentes:

No processo eletrônico, na hipótese de o sistema do Poder Judiciário tornar-se indisponível por motivo técnico, os prazos processuais correm normalmente, devendo as partes apresentar as petições por escrito perante a serventia do juízo em que o processo tramita.

Resposta: Errado.

"**Art. 11.** Os documentos produzidos eletronicamente e juntados aos processos eletrônicos com **garantia da origem e de seu signatário**, na forma estabelecida nesta Lei, serão considerados originais para todos os efeitos legais.

§ 1.º Os extratos **digitais e os documentos digitalizados** e juntados aos autos pelos órgãos da Justiça e seus auxiliares, pelo Ministério Público e seus auxiliares, pelas procuradorias, pelas autoridades policiais, pelas repartições públicas em geral e por advogados públicos e privados **têm a mesma força probante dos originais,** ressalvada a alegação motivada e fundamentada de adulteração antes ou durante o processo de digitalização.

§ 2.º **A argüição de falsidade do documento original será processada eletronicamente na forma da lei processual em vigor.**

§ 3.º Os **originais** dos documentos digitalizados, mencionados no § 2º deste artigo, deverão ser **preservados pelo seu detentor até o trânsito em julgado da sentença** ou, quando admitida, até o final do prazo para interposição de ação rescisória.

§ 4º (VETADO)

§ 5º Os documentos cuja **digitalização seja tecnicamente inviável** devido ao grande volume ou por motivo de ilegibilidade deverão ser **apresentados** ao cartório ou secretaria no prazo **de 10 (dez) dias contados do envio de petição eletrônica comunicando o fato**, os quais serão devolvidos à parte após o trânsito em julgado.

§ 6º Os documentos digitalizados juntados em processo eletrônico somente estarão disponíveis para acesso por meio da rede externa para suas respectivas partes processuais e para o Ministério Público, respeitado o disposto em lei para as situações de sigilo e de segredo de justiça."

1. **Os documentos e sua preservação:** É de suma importância que as partes resguardem seus originais até o trânsito em julgado, visto que estes poderão ser solicitados a qualquer momento pelo Juiz.
2. **Os documentos e a sigilosidade:** Os processos somente serão acessados na íntegra pelas partes e representantes legais e terceiros interessados, para que os documentos e dados digitais não sejam utilizados de má-fé por outrem.

► **STJ e os documentos eletrônicos**

> "HOMOLOGAÇÃO DE SENTENÇA ESTRANGEIRA – DIVÓRCIO POR MÚTUO CONSENTIMENTO – ART. 5º DA RES. Nº 09/2005 DO STJ – REQUISITOS LEGAIS PREENCHIDOS – PROCESSO ELETRÔNICO – RES. Nº 01/2010 DO STJ – ART. 11 DA LEI 11.419/06. (...) Os documentos produzidos eletronicamente e juntados aos processos eletrônicos com garantia da origem e de seu signatário, na forma da lei, são considerados originais para todos os efeitos, nos termos do artigo 11 da Lei nº 11.419/2006." (SEC: 7878 EX 2013/0118162-3, Relator: Ministra ELIANA CALMON, Data de Julgamento: 19/06/2013, CE – CORTE ESPECIAL, Data de Publicação: DJe 01/07/2013).

3. **A assinatura digital e a legalidade dos documentos:** O Superior Tribunal de Justiça ratificou no primeiro julgado em destaque a aplicabilidade da utilização dos documentos produzidos eletronicamente e juntados aos processos eletrônicos, desde que acompanhados da assinatura digital do signatário, considerando-os originais para efeitos de lei.

→ **Aplicação em Concurso**

FCC – 2012 – TRT 6ª Região – Analista Judiciário – Arquivologia
Segundo a Lei nº 11.419, de 19 de dezembro de 2006, que dispõe sobre a informatização do processo judicial, os documentos produzidos eletronicamente e juntados aos processos eletrônicos com garantia da origem e de seu signatário serão considerados:

a) sigilosos.
b) originais.
c) vigentes.
d) inalienáveis.
e) imprescritíveis.

Resposta: B

4. **A originalidade dos documentos:** Todos os documentos enviados eletronicamente e devidamente assinados por seus signatários serão considerados originais. Porém, é importante salvaguardá-los até o final do processo, caso possua um original físico.

5. **Falha na digitalização de documentos efetuado pelo Órgão Judicial e Ônus da parte** Os autos digitalizados são tidos como cópia fiel dos autos físicos, cabendo à parte o ônus de verificar a correção do procedimento de digitalização, bem como de comprovar eventuais falhas, omissões ou defeitos encontrados, sob pena de arcar com os danos processuais correlatos.

► **STJ e Falha na Digitalização**

"(...) FALHA NA DIGITALIZAÇÃO DO PROCESSO. ACOLHIMENTO DOS DECLARATÓRIOS PARA AFASTAR A INCIDÊNCIA DA SÚMULA 115/STJ"

Levando-se em conta que a procuração outorgada ao advogado subscritor do agravo regimental, tida por faltante, estava presente nos autos físicos e somente não foi incluída no processo eletrônico por falha na digitalização, defeito para o qual não concorreram as partes, impõe-se o acolhimento dos embargos para afastar a incidência da Súmula nº 115/STJ." (EDcl no AgRg no AREsp 483.869/SC, Rel. Ministro MARCO AURÉLIO BELLIZZE, TERCEIRA TURMA, julgado em 16/12/2014, DJe 19/12/2014);

"PROCESSUAL CIVIL. AGRAVO REGIMENTAL NO AGRAVO EM RECURSO ESPECIAL. PREPARO. NÃO RECOLHIMENTO DAS CUSTAS JUDICIAIS, NOS TERMOS DO ART. 2º, §§ 1º E 2º, C/C ART. 7º DA RESOLUÇÃO STJ 04/2013. DESERÇÃO. SÚMULA 187/STJ. PRECEDENTES DO STJ. AGRAVO REGIMENTAL IMPROVIDO.

(...)

Consoante a jurisprudência, "o procedimento de digitalização apenas reproduz o que consta nos autos, não havendo qualquer possibilidade de omissão de dados. O recorrente não pode imputar ao Judiciário uma falha decorrente de sua própria conduta. O suposto defeito no procedimento de digitalização deve ser comprovado, o que não ocorreu na presente hipótese" (STJ, AgRg no AREsp 91.026/SP, Rel. Ministro LUIS FELIPE SALOMÃO, QUARTA TURMA, DJe de 22/05/2012).

6. **Adulteração dos documentos digitalizados** Todos os documentos digitalizados serão considerados também originais e verdadeiros. Caso existam vestígios de adulterações durante o processo de digitalização ou antes deste, os documentos serão considerados nulos – Literalidade do § 1.º. Como dito no ponto antecedente, entendemos que o ônus de indicar e comprovar esta "adulteração" é da parte interessada.

→ **Aplicação em Concurso**

- *INSTITUTO CIDADES – 2010 – DPE-GO – Defensor Público*

A Lei n. 11.419, de 19 de dezembro de 2006, dispõe sobre a informatização do processo judicial. No processo eletrônico:

a) as reproduções digitalizadas de qualquer documento fazem a mesma prova que os originais, ressalvada a alegação motivada e fundamentada de adulteração antes ou durante o processo de digitalização.

b) as petições eletrônicas, quando forem enviadas para atender prazo processual, serão consideradas tempestivas se transmitidas até as 18 horas do seu último dia.

c) excetuados os acórdãos e as sentenças, todos os demais atos processuais serão assinados eletronicamente, na forma estabelecida na lei.

d) a indisponibilidade do Sistema do Poder Judiciário por motivo técnico, a impedir a transmissão eletrônica de petição ou documento, relativos a ato processual que tiver de ser praticado em determinado momento, não prorroga o prazo processual.

e) a procuração não pode ser assinada digitalmente, por falta de segurança sobre a autenticidade da firma.

Resposta:A

7. **O nome do signatário nas peças:** Caso o signatário seja o advogado devidamente regularizado no processo e assine digitalmente a petição, ainda que seu nome não esteja grafado na peça, continua sendo o responsável já que a assinatura eletrônica dispensa qualquer grafia física.

► **STJ e o signatário:**

"AGRAVO REGIMENTAL NO AGRAVO EM RECURSO ESPECIAL. RECURSO ASSINADO DIGITALMENTE POR ADVOGADO SEM PROCURAÇÃO NOS AUTOS. DESCUMPRIMENTO DA LEI 11.419/2006 E DA RESOLUÇÃO N. 1/2010, DA PRESIDÊNCIA DO STJ. SÚMULA 115/STJ. 1. A prática eletrônica de ato judicial, na forma da Lei n. 11.419/2006, reclama que o titular do certificado digital utilizado possua procuração nos autos, sendo irrelevante que na petição esteja ou não grafado o seu nome. 2. A assinatura digital destina-se à identificação inequívoca do signatário do documento, o qual passa a ostentar o nome do detentor do certificado digital utilizado, o número de série do certificado, bem como a data e a hora do lançamento da firma digital. Dessa sorte, o atendimento da regra contida na alínea a do inciso IIIdo parágrafo 2º do artigo 1º da Lei n. 11.419/2006 depende tão somente de o signatário digital possuir procuração nos autos. Precedentes. (...)" (STJ – AgRg no AREsp: 199392 MG 2012/0140141-7, Relator: Ministro LUIS FELIPE SALOMÃO, Data de Julgamento: 20/08/2013, T4 – QUARTA TURMA, Data de Publicação: DJe 27/08/2013).

8. **Documentos de digitalização inviável:** O § 5.º do artigo em estudo, prevê que, *in verbis*: "Os documentos cuja digitalização seja tecnicamente inviável devido ao grande volume ou por motivo de ilegibilidade deverão ser apresentados ao cartório ou secretaria no prazo de 10 (dez) dias contados do envio de petição eletrônica comunicando o fato, os quais serão devolvidos à parte após o trânsito em julgado".

→ **Aplicação em Concurso**

- *Dados do concurso: FCC – 2010 – TRT 8ª – Analista Judiciário – Judiciário De acordo com a Lei nº 11.419/06, os documentos produzidos eletronicamente e juntados aos processos eletrônicos com garantia da origem e de seu signatário, na forma estabelecida por esta Lei, serão considerados originais para todos os efeitos legais. Os documentos cuja digitalização seja tecnicamente inviável devido ao grande volume ou por motivo de ilegibilidade deverão ser apresentados ao cartório ou secretaria no prazo de :*

a) dez dias contados do envio de petição eletrônica comunicando o fato, os quais serão devolvidos à parte no prazo máximo de cento e vinte dias corridos.

b) cinco dias contados do envio de petição eletrônica comunicando o fato, os quais serão devolvidos à parte após o trânsito em julgado.

c) dez dias contados do envio de petição eletrônica comunicando o fato, os quais serão devolvidos à parte após o trânsito em julgado.

d) cinco dias contados do envio de petição eletrônica comunicando o fato, os quais serão devolvidos à parte no prazo máximo de cento e vinte dias corridos.

e) 48 horas contadas do envio de petição eletrônica comunicando o fato, os quais serão devolvidos à parte no prazo máximo de cento e vinte dias corridos

Resposta:C.

9. O processamento do Incidente de Falsidade: Os incidentes de falsidade eletrônicos, serão processados eletronicamente, mesmo que a arguição se refira a documentos físicos. Não será necessário gerar arquivos ou peças físicas.

→ **Aplicação em Concurso**

- *TRT 22 PI – 2013 – TRT – 22ª Região (PI) – Juiz do Trabalho – Prova 1*

Sobre o processo judicial eletrônico é INCORRETO afirmar:

a) obriga a utilização do meio eletrônico para a comunicação dos atos processuais nele praticados, exceto no caso de impossibilidade por motivo técnico, hipótese em que o documento será posteriormente digitalizado.

b) o incidente de falsidade dos documentos produzidos em meio físico terá que ser processado em meio físico.

c) é considerada tempestiva a petição eletrônica quando transmitida até as 24 horas do seu último dia, assegurada a disponibilidade do sistema 24 horas por dia;

d) é considerado original o documento produzido eletronicamente e juntado ao processo eletrônico, desde que garantida a integridade do seu conteúdo e autenticidade do signatário.

e) é obrigatória a informação do CPF/CNPJ das partes em juízo, a menos que a ausência da informação comprometa o acesso à Justiça.

Resposta: B

"**Art. 12.** A **conservação dos autos** do processo poderá ser efetuada total ou parcialmente por **meio eletrônico.**

§ 1.º Os autos dos processos eletrônicos deverão ser **protegidos por meio de sistemas de segurança de acesso** e armazenados em meio que garanta a preservação e integridade dos dados, sendo dispensada a formação de autos suplementares.

§ 2.º **Os autos de processos eletrônicos que tiverem de ser remetidos a outro juízo ou instância superior que não disponham de sistema compatível deverão ser impressos em papel**, autuados na forma dos arts. 166 a 168 da Lei no 5.869, de 11 de janeiro de 1973 – Código de Processo Civil [arts. 206 a 211 do Novo CPC], ainda que de natureza criminal ou trabalhista, ou pertinentes a juizado especial.

§ 3.º No caso do § 2.º deste artigo, o escrivão ou o chefe de secretaria certificará os autores ou a origem dos documentos produzidos nos autos, acrescentando, ressalvada a hipótese de existir segredo de justiça, a forma pela qual o banco de dados poderá ser acessado para aferir a autenticidade das peças e das respectivas assinaturas digitais.

§ 4.º Feita a autuação na forma estabelecida no § 2.º deste artigo, o processo seguirá a tramitação legalmente estabelecida para os processos físicos.

§ 5.º **A digitalização de autos em mídia não digital, em tramitação ou já arquivados, será precedida de publicação de editais de intimações ou da intimação pessoal das partes e de seus procuradores, para que, no prazo preclusivo de 30 (trinta) dias, se manifestem sobre o desejo de manterem pessoalmente a guarda de algum dos documentos originais.**"

1. **Os documentos e sua autenticidade:** Como já estudado, é interessante que alguns documentos originais tenham sua salvaguarda pelo interessado, haja a vista a possibilidade de questionamentos futuros quanto à sua autenticidade.

2. **Guarda de documentos digitalizados:** Caso não haja manifestação de guarda, os documentos serão destruídos, com exceção dos documentos de guarda permanente que deverão ser mantidos, nos termos do PRONAME – Programa Nacional de Gestão Documental.

→ Aplicação em Concurso

Tribunal de Justiça do Estado de Goiás – Analista Judiciário – 2014 – FGV

Segundo o Conselho Nacional de Justiça, os documentos de guarda permanente, após digitalizados, devem ser:

a) mantidos;
b) eliminados após 10 anos;
c) preservados, dependendo do assunto;
d) preservados, dependendo da sentença;
e) eliminados, dependendo da qualidade da digitalização.

Resultado: A

► **STJ e a guarda dos documentos:**

"PROCESSUAL CIVIL. DECLINAÇÃO DE COMPETÊNCIA. AUTOS FÍSICOS REMETIDOS PELA JUSTIÇA ESTADUAL. DIGITALIZAÇÃO INTEGRAL DE PEÇAS PROCESSUAIS. GUARDA E CONSERVAÇÃO DOS DOCUMENTOS ORIGINAIS. OBRIGAÇÃO IMPOSTA A UMA DAS PARTES, POR MEIO DE RESOLUÇÃO. VIOLAÇÃO DO ART. 12, § 5º, DA LEI 11.419/2006. "[...]. Prescreve o art. 12, § 5º, da Lei 11.419/2006: "A digitalização de autos em mídia não digital, em tramitação ou já arquivados, será precedida de publicação de editais de intimações ou da intimação pessoal das partes e de seus procuradores, para que, no prazo preclusivo de 30 (trinta) dias, se manifestem sobre o desejo de manterem pessoalmente a guarda de algum dos documentos originais". 3. Conforme se verifica, a lei concede às partes e/ou aos seus procuradores a faculdade de exercerem a opção pela guarda pessoal de alguns dos documentos originais dos autos físicos. [...]"

(STJ – REsp: 1448424 RS 2014/0083833-6, Relator: Ministro HERMAN BENJAMIN, Data de Julgamento: 22/05/2014, T2 – SEGUNDA TURMA, Data de Publicação: DJe 20/06/2014)

3. **O prazo para a manifestação de guarda:** O prazo para a manifestação de interesse de guarda dos autos e documentos, será de 30 (trinta) dias.

→ **Aplicação em Concurso**

- *CESPE – 2010 – TRT – 21ª Região (RN) – Analista Judiciário – Arquivologia*

  No processo eletrônico, a conservação dos autos do processo deve ser efetuada totalmente por meio eletrônico.

  Resposta: Errado

4. **A conservação dos Autos:** Os autos poderão ser conservados parcial ou totalmente em meio eletrônico.

Sistemas Incompatíveis e Materialização: Ao consignar no § 2.º deste artigo que os "autos de processos eletrônicos que tiverem de ser remetidos a outro juízo ou instância superior que não disponham de sistema compatível deverão ser impressos em papel", visou o Legislador, consciente dos inúmeros sistemas judiciais coexistentes no país, evitar possíveis danos ao processo e, consequentemente, ao jurisdicionado com a perda de documentos eletrônicos neste traslado virtual entre sistemas divergentes.

Vale dizer, que, ao editar a Resolução n.º 185/2013, que instituiu o Pje como sistema judicial único a ser utilizado no País, o Conselho Nacional de Justiça acabou por esvaziar a supracitada disposição.

▶ STF e a Materialização dos Processos

MEDIDA CAUTELAR NA RECLAMAÇÃO. PROCESSUAL CIVIL. SISTEMAS DE PROCESSO ELETRÔNICO INCOMPATÍVEIS: DETERMINAÇÃO AO AGRAVANTE DE FORMALIZAR O AGRAVO DE INSTRUMENTO PARA ENCAMINHAR AO SUPREMO TRIBUNAL.

"Compulsando os autos, verifico que o processo é virtual e por isso, necessita de materialização do processo para remessa do agravo de instrumento ao STF. (...). A Lei 11.419/06 dispõe no art. 12 que, em caso de incompatibilidade de sistemas, os autos deverão ser impressos em papel, autuados na forma dos artigos 166 a 168 do CPC, sendo responsabilidade do escrivão ou chefe de secretaria certificar os autores ou a origem dos documentos produzidos nos autos, inexistindo qualquer expressão que induza à conclusão de que a impressão deve ser feita às custas do Poder Judiciário." (Rcl: 18430 RN , Relator: Min. CÁRMEN LÚCIA, Data de Julgamento: 28/08/2014, Data de Publicação: DJe-170 DIVULG 02/09/2014 PUBLIC 03/09/2014).

Art. 13. O **magistrado poderá determinar** que sejam realizados por meio eletrônico a exibição e o envio de dados e de **documentos necessários à instrução do processo.**

§ 1º Consideram-se cadastros públicos, para os efeitos deste artigo, dentre outros existentes ou que venham a ser criados, ainda que mantidos por concessionárias de serviço público ou empresas privadas, os que contenham informações indispensáveis ao exercício da função judicante.

§ 2º O acesso de que trata este artigo dar-se-á por qualquer meio tecnológico disponível, preferentemente o de menor custo, considerada sua eficiência."

§ 3º (VETADO)"

1. **Solicitação complementar de documentos:** Pode acontecer de documentos suspeitos aparecerem nos autos digitais, em que mera verificação ocular – ou com cursor do mouse – indique a suspeita de serem forjados, como, por exemplo, quando pós-inserida um recorte digital de uma assinatura, sobre um documento que fora previamente datilografado ou até a modificação completa de uma imagem. Nestes casos, poderá o Magistrado solicitar a apresentação de dados ou documentos que comprovem a existência da fraude apontada, sendo, portanto, de suma importância a guarda dos originais enviados ou digitalizados.

CAPÍTULO IV
DISPOSIÇÕES GERAIS E FINAIS

Art. 14. Os sistemas a serem desenvolvidos pelos órgãos do Poder Judiciário deverão usar, preferencialmente, programas com código aberto, acessíveis ininterruptamente por meio da rede mundial de computadores, priorizando-se a sua padronização.

Parágrafo único. Os sistemas devem buscar identificar os casos de ocorrência de prevenção, litispendência e coisa julgada"

1. **Os sistemas judiciais e o código aberto:** Sistemas de código aberto são aqueles que possuem os seguintes requisitos:
   - Distribuição livre;
   - Acesso ao código-fonte;
   - Permissão para criação de trabalhos derivados;
   - Integridade do autor do código-fonte;
   - Não discriminação contra pessoas ou grupos;
   - Não discriminação contra áreas de atuação;
   - Distribuição da licença;
   - Licença não específica a um produto;
   - Licença não restritiva a outros programas;
   - Licença neutra em relação à tecnologia.
2. **O processo eletrônico e a litispendência:** A verificação de litispendência é requisito obrigatório para a implantação e correta utilização do processo eletrônico pelos Tribunais. Após a implementação, presume-se segura a pesquisa realizada pelos sistemas processuais.
3. Existem muitos Tribunais que já possuem sistemas de processo eletrônico, porém ainda não respeitam a regra da busca pela litispendência.

► **STJ e a litispendência**

"PROCESSUAL CIVIL. LITISPENDÊNCIA RECONHECIDA PELA CORTE DE ORIGEM. INFORMAÇÕES PROCESSUAIS DISPONIBILIZADAS NA PÁGINA OFICIAL DOS TRIBUNAIS. CONFIABILIDADE APÓS O ADVENTO DA LEI N. 11.419/06.PRINCÍPIOS DA EFICIÊNCIA E DA CELERIDADE PROCESSUAL. 1. Os agravantes defendem que as informações veiculadas nos sites oficiais de tribunais não são aptas a comprovar a ocorrência de litispendência, porquanto "as informações constantes nas consultas processuais ao site por vezes não conferem com a realidade, seja porque os dados podem ser preenchidos pelas partes ou pela desatualização de alguns Tribunais". 2. É assente no âmbito do STJ, após o advento da Lei 11.419/2006, a confiabilidade das informações processuais disponibilizadas na página oficial dos Tribunais." (AgRg no AREsp 236.743/PR, Rel. Ministro HUMBERTO MARTINS, SEGUNDA TURMA, julgado em 07/02/2013, DJe 19/02/2013)

→ **Aplicação em Concurso**

- *TJ/SC – Edital 05/08 – CJS – Concurso para Ingresso na Carreira da Magistratura.*

Conforme a Lei n.º 11419/2006, que dispõe sobre a informatização do processo judicial, assinale a alternativa INCORRETA:

a) Consideram-se realizados os atos processuais por meio eletrônico no dia e hora do seu envio ao sistema do Poder Judiciário.

b) Os sistemas utilizados pelos órgãos do Poder Judiciário deverão buscar e identificar os casos de ocorrência de prevenção, litispendência e coisa julgada.

c) Os livros cartorários e demais repositórios dos órgãos do Poder Judiciário poderão ser gerados e armazenados em meio totalmente eletrônico.

d) A Fazenda Pública fica excluída do sistema de intimações eletrônicas.

e) Considera-se como data da publicação o primeiro dia útil seguinte ao da disponibilização da informação no Diário da Justiça Eletrônico.

Resposta: D

4. **Intimações e Citações:** O item "D" trata das citações, intimações e notificações no Processo Eletrônico, inclusive da Fazenda Pública, feitas por meio eletrônico, na forma da respectiva Lei, conforme já destacado em pontos anteriores, resguardadas as peculiaridades já tratadas.

5. **Litispendência e os Sistemas judiciais:** Uma das alternativas corretas, letra "B", está contida no artigo estudado, sendo correto afirmar que os sistemas utilizados pelos órgãos do Poder Judiciário deverão buscar e identificar os casos de ocorrência de prevenção, litispendência e coisa julgada.

"**Art. 15.** Salvo impossibilidade que comprometa o acesso à justiça, **a parte deverá informar, ao distribuir a petição inicial de qualquer ação judicial, o número no cadastro de pessoas físicas ou jurídicas, conforme o caso, perante a Secretaria da Receita Federal.**

Parágrafo único. Da mesma forma, as peças de acusação criminais deverão ser instruídas pelos membros do Ministério Público ou pelas autoridades policiais com os números de registros dos acusados no Instituto Nacional de Identificação do Ministério da Justiça, se houver."

1. **Choque de Hierarquia das legislações:** Caso a lei 11.419/06 se choque com previsões dispostas em legislações especiais, como o caso da jurisprudência acima, prevalecerá o disposto na lei especial.

2. **O CPF E RG:** É muito difícil para os Tribunais manter um Banco de dados confiável no que tange às certidões judiciais. Isso ocorre pela existência de homônimos, erros nos cadastramentos das partes e da falha, ou ausência, no preenchimento dos documentos de registro e cadastro de pessoas físicas. Ocorre, entretanto, que em muitas regiões existe um grande défice de acesso à produção documental, o que somado à necessidade de respeito ao princípio do acesso à justiça, faz deste imbróglio, um problema crônico, razão pela, qual o Legislador, sensível ao cenário descrito, expressou de pronto no início do *caput*: "Salvo impossibilidade que comprometa o acesso à justiça".

► STJ e o CPF/CNPJ

"PROCESSUAL CIVIL. TRIBUTÁRIO. RECURSO ESPECIAL SUBMETIDO AO RITO DOS REPETITIVOS (ART. 543-C DO CPC). DISSÍDIO PRETORIANO NÃO CARACTERIZADO. PREVISÃO EXISTENTE NA LEI Nº 11.419/06 (LEI DE INFORMATIZAÇÃO DO PROCESSO JUDICIAL). PREVALÊNCIA DA LEI ESPECIAL (LEI Nº 6.830/80). NOME E ENDEREÇO DO EXECUTADO SUFICIENTES À REALIZAÇÃO DO ATO CITATÓRIO. FIXAÇÃO DA TESE, EM REPETITIVO, DA DISPENSABILIDADE DA INDICAÇÃO DO CPF E/OU RG DO DEVEDOR (PESSOA FÍSICA) NAS AÇÕES DE EXECUÇÃO FISCAL. RECURSO DO FISCO PROVIDO. "(...) A previsão de que a petição inicial de qualquer ação judicial contenha o CPF ou o CNPJ do réu encontra suporte, unicamente, no art. 15 da Lei nº 11.419/06, que disciplina a informatização dos processos judiciais, cuidando-se, nessa perspectiva, de norma de caráter geral. 6. Portanto, e sem que se esteja a questionar a utilidade da indicação do CPF da pessoa física executada já na peça inaugural, certo é que não se pode cogitar de seu indeferimento com base em exigência não consignada na legislação específica (...). Em ações de execução fiscal, descabe indeferir a petição inicial sob o argumento da falta de indicação do CPF e/ou RG da parte executada (pessoa física), visto tratar-se de requisito não previsto no art. 6º da Lei nº 6.830/80 (LEF), cujo diploma, por sua especialidade, ostenta primazia sobre a legislação de cunho geral, como ocorre frente à exigência contida no art. 15 da Lei nº 11.419/06".

(REsp: 1450819 AM 2014/0093756-1, Relator: Ministro SÉRGIO KUKINA, Data de Julgamento: 12/11/2014, S1 – PRIMEIRA SEÇÃO, Data de Publicação: DJe 12/12/2014)

3. **O CPF e o RG como campos obrigatórios:** Conforme visto anteriormente, a falta dos documentos não poderá tornar inacessível a justiça, portanto, o campo não poderá ser obrigatório, sendo aceito, em casos excepcionais, cadastros sem os referidos documentos.

Registre-se, que a Resolução n.º 46/2007 do Conselho Nacional de Justiça, a qual veremos adiante, tratou deste tema no seu art. 6.º, quando firmou, *in verbis*:

"Art. 6º O cadastramento de partes nos processos deverá ser realizado, prioritariamente, pelo nome ou razão social constante do cadastro de pessoas físicas ou jurídicas perante a Secretaria da Receita Federal do Brasil, mediante alimentação automática, observados os convênios e condições tecnológicas disponíveis.

§ 1º Na impossibilidade de cumprimento da previsão do caput, deverão ser cadastrados o nome ou razão social informada na petição inicial, vedado o uso de abreviaturas, e outros dados necessários à precisa identificação das partes (RG, título de eleitor, nome da mãe etc), sem prejuízo de posterior adequação à denominação constante do cadastro de pessoas físicas ou jurídicas perante a Secretaria da Receita Federal do Brasil (CPF/CNPJ)

3.1. Das tabelas processuais unificadas – TPU's: Diante da abordagem disposta acima, faz-se salutar adentrar no estudo, por mais que pragmático, de um tema pouco debatido e conhecido entre os profissionais do Direito, qual seja: A existência das Tabelas Processuais Unificadas.

As TPU's foram criadas pela **Resolução n.º 46/2007** do Conselho Nacional de Justiça, após consenso de um Comitê formado por representantes de todos os Tribunais, com a finalidade de padronizar nacionalmente a linguagem vinculada aos processos judicias, através de regras de taxionomia processual, desde o seu cadastramento, até o seu resultado final.

Este movimento de organização do judiciário, iniciado pela Resolução n.º 12/2006, que também instituiu a numeração única dos processos do Poder Judiciário (Resolução n.º 65/2008 do CNJ), detinha como intuito precípuo a facilitação do acesso às informações processuais e a celeridade da prestação jurisdicional. Não é difícil perceber, que o Conselho Nacional de Justiça entendeu que para fiscalizar e cobrar melhores resultados do Poder Judiciário, primeiramente seria necessário organizar meios de padronização dos dados (numeração, linguagem, estatística, etc), que somados indicariam a verdadeira face do desafio a ser enfrentado.

A Resolução que implementou as tabelas processuais unificadas determinou que os Tribunais de Justiça dos Estados e do Distrito Federal, os Tribunais Regionais Federais, os Tribunais do Trabalho e o Superior Tribunal de Justiça adaptassem os seus sistemas internos para concluir a implantação das Tabelas Processuais Unificadas do Poder Judiciário até o dia **30 de setembro de 2008.** A partir da data da implantação, todos os processos ajuizados (processos novos), antes de distribuídos, tiveram de ser cadastrados de acordo com as tabelas unificadas de classes e assuntos processuais. Restou facultado aos Órgãos Judiciais o cadastramento de classes e assuntos da Tabela Unificada nos processos que, na data da implantação, estivesses arquivados (baixados) ou, embora em tramitação, não forem objeto de recurso externo. A TPU's se dividem em 03 (três) tabelas, nesta ordem: Tabela de Classes, Tabelas de Assuntos e Tabelas de Movimentos, sendo que cada uma delas se subdivide em níveis de detalhamento.

A tabela de classe contempla o lastro mais amplo, onde estão organizados os tipos de ações, procedimentos e recursos, sendo utilizada, basicamente, pelos setores de distribuição, no caso do processo físico, ou pelo peticionante da peça vestibular, ao apresentar a petição inicial nos portais dos Tribunais, no caso do processo eletrônico, haja vista se relacionar com a fase do cadastramento (nascimento) do processo para o mundo jurídico. A tabela unificada de classes processuais não poderá ser alterada ou complementada pelos tribunais sem anuência prévia e expressa do Conselho Nacional de Justiça.

Abaixo, colacionam-se na, primeira imagem, todas as classes disponíveis na tabela, assim como, em um segundo momento, para clarificar, todos os níveis da classe "Processo Militar":

Ex.1

- 547 JUIZADOS DA INFÂNCIA E DA JUVENTUDE
- 1198 PROCEDIMENTOS ADMINISTRATIVOS
- 11099 PROCEDIMENTOS PRÉ-PROCESSUAIS DE RESOLUÇÃO CONSENSUAL DE CONFLITOS
- 2 PROCESSO CÍVEL E DO TRABALHO
- 268 PROCESSO CRIMINAL
- 11427 PROCESSO ELEITORAL
- 11028 PROCESSO MILITAR
- 5 SUPERIOR TRIBUNAL DE JUSTIÇA
- 1310 SUPREMO TRIBUNAL FEDERAL

Ex. 2

- 11028 PROCESSO MILITAR
- 11029 PROCEDIMENTOS ESPECIAIS PREVISTOS EM LEIS ESPARSAS
  - 11034 Conselho de Justificação
  - 11035 Representação p/ Declaração de Indignidade/Incompatibilidade
  - 11036 Representação p/ Perda da Graduação

- 11030 PROCESSO CRIMINAL
  - 11037 Ação Penal Militar - Procedimento Ordinário
  - 11031 Procedimento Especial
    - 11042 Correição Parcial
    - 11043 Deserção
    - 11044 Insubmissão
  - 11032 Procedimentos Investigatórios
    - 11041 Inquérito Policial Militar
    - 11800 Instrução Provisória de Deserção
    - 11799 Instrução Provisória de Insubmissão
  - 11033 Recursos
    - 11038 Embargos em Ação Penal Militar
    - 11039 Reclamação
    - 11040 Recurso Inominado

(Imagens extraídas do site www.cnj.jus.br)

A tabela de assunto, de igual forma, se relaciona com a fase do cadastramento e contempla os denominados ramos do Direito (Direito Penal, Direito Civil, Direito Processual Penal, Direito Tributário e etc.) e todos os respectivos temas relacionados a eles, sendo utilizada, basicamente, pelos setores de distribuição, no caso do processo físico, ou pelo peticionante da peça vestibular, ao apresentar a petição inicial nos portais dos Tribunais, no caso do processo eletrônico. A tabela unificada de assuntos processuais poderá ser complementada pelos tribunais a partir do último nível (detalhamento), com encaminhamento dos assuntos incluídos ao Conselho Nacional de Justiça para análise de adequação e eventual aproveitamento na tabela nacional. Esta tabela em conjunto com a tabela de classe, permite ao Conselho Nacional de Justiça e aos próprios Tribunais identificar os "pontos de gargalo" processual, principais temas julgados, organizar julgamentos temáticos, dentre outras vantagens voltadas ao estabelecimento de metas, melhoramento das estatísticas e, consequentemente, prestação jurisdicional célere.

Abaixo, colacionam-se, na primeira imagem, todos os assuntos disponíveis na tabela, assim como, em um segundo momento, todos os níveis do assunto "Direito Marítimo":

Ex. 1

- 9985 DIREITO ADMINISTRATIVO E OUTRAS MATÉRIAS DE DIREITO PÚBLICO
- 899 DIREITO CIVIL
- 9633 DIREITO DA CRIANÇA E DO ADOLESCENTE
- 1156 DIREITO DO CONSUMIDOR
- 864 DIREITO DO TRABALHO
- 11428 DIREITO ELEITORAL
- 10739 DIREITO ELEITORAL E PROCESSO ELEITORAL DO STF

- 6191 DIREITO INTERNACIONAL
- 1146 DIREITO MARÍTIMO
- 287 DIREITO PENAL
- 11068 DIREITO PENAL MILITAR
- 195 DIREITO PREVIDENCIÁRIO
- 8826 DIREITO PROCESSUAL CIVIL E DO TRABALHO
- 1209 DIREITO PROCESSUAL PENAL
- 11049 DIREITO PROCESSUAL PENAL MILITAR
- 14 DIREITO TRIBUTÁRIO
- 7724 REGISTROS PÚBLICOS

Ex. 2

1146 DIREITO MARÍTIMO

- 5603 Inscrição / Registro da Embarcação
- 5585 Registro / Cadastro do Armador

7783 Responsabilidade Contratual

5196 Aluguel de Embarcações (Fretamento E Carta Partida)

5612 Créditos / Privilégios Marítimos

5193 Engajamento e Profissionais Marítimos

5609 Hipoteca Marítima

7798 Quanto à Carga

7797 Quanto à Embarcação

5194 Seguros Marítimos

5595 Responsabilidade do Comandante ou Capitão

7784 Responsabilidade Extracontratual

5575 Abandono

5577 Acidentes da Navegação

5589 Arresto de Embarcação

5591 Assistência / Salvamento

5592 Avaria

7799 Clandestinos

5621 Serviços Auxiliares da Navegação

5622 Agenciamento

5623 Corretagem de Embarcação

5624 Praticagem

(Imagens extraídas do site www.cnj.jus.br)

A tabela de movimento, por sua vez, se relaciona com a fase de movimentação do processo nas Varas, Gabinetes, Secretarias, ou seja, no interior do judiciário, sendo utilizada, portanto, pelos Magistrados e servidores públicos. A tabela unificada de movimentos, composta precipuamente por andamentos processuais relevantes à extração de informações gerenciais, pode ser complementada pelos tribunais com outros movimentos que entendam necessários, observando-se que os movimentos devem refletir o andamento processual ocorrido e não a mera expectativa de movimento futuro e que a relação dos movimentos acrescidos deverá ser encaminhada ao Conselho Nacional de Justiça para análise de adequação e eventual aproveitamento na tabela nacional. Esta tabela é de suma importância, visto que, a partir dela é possível ao CNJ e aos próprios Órgãos Judiciais, sobretudo às Corregedorias e Ouvidorias, aferir a produtividade dos Julgadores, o número de despachos/decisões monocráticas/julgamentos proferidos, o tempo de proferição dos atos jurisdicionais e cartorários, estabelecer um controle estatístico por setor, dentre outras vantagens.

OBS: Interessante perceber, que o conhecimento das tabelas processuais unificadas é de grande valia ao profissional do direito que protocoliza uma ação judicial, visto que, certamente, no caso do processo eletrônico, ao proceder o escorreito cadastramento da **Classe**, do **Assunto** e, em seus pedidos, indicar pugno concernente aos dispostos na tabela de **Movimento**, estará a facilitar a distribuição do processo, a organização de temas similares pela Vara/Secretaria, assim como, a apreciação da matéria pelo Magistrado, gerando, consequentemente, celeridade ao trâmite.

Abaixo, colacionam-se, na primeira imagem, todos os campos de movimentos disponíveis na tabela, destacando-se que os campos Decisão, Despacho e Julgamento se referem aos atos do "1 Magistrado", enquanto os demais aos atos do "14 Serventuário". Em um segundo momento, são apresentados todos os níveis de movimentação do campo voltado ao "Magistrado – Despacho":

Ex. 1

- 1 Magistrado
  - 3 Decisão
  - 11009 Despacho
  - 193 Julgamento
- 14 Serventuário
  - 865 Arquivista
  - 15 Contador
  - 18 Distribuidor
  - 48 Escrivão/Diretor de Secretaria/Secretário Jurídico
  - 104 Oficial de Justiça

Ex. 2

11009 Despacho

- 11023 Concessão
  - 11024 Assistência Judiciária Gratuita

11021 Conversão

11022 Julgamento em Diligência

11010 Mero expediente

11019 Ordenação de entrega de autos

11020 Requisição de Informações

11025 Suspensão ou Sobrestamento

11012 Conflito de Competência

11013 Convenção das Partes

11014 Convenção das Partes para Cumprimento Voluntário da obrigação

11016 Exceção da Verdade

11015 Exceção de Incompetência, suspeição ou Impedimento

11017 Incidente de Insanidade Mental

11018 Recebimento de Embargos à Execução

3.2. O Preenchimento da classe e do assunto: Para que o Conselho Nacional de Justiça possa ter relatórios processuais confiáveis, e para que a petição eletrônica seja válida, alguns campos de preenchimento são obrigatórios, como por exemplo a classe e o assunto do processo.

→ Aplicação em Concurso

- *Tribunal de Justiça do Estado de Goiás – Analista Judiciário – 2014 – FGV*

  As Tabelas Processuais Unificadas do Poder Judiciário objetivam a padronização e a uniformização taxonômica e terminológica de classes, assuntos e movimentação processuais no âmbito da Justiça Estadual, Federal, do Trabalho, Eleitoral, Militar da União, Militar dos Estados, e do Superior Tribunal de Justiça e serão empregadas em sistemas processuais. Os Tribunais dos Estados deverão se adaptar para concluir sua implementação, observando o disposto a seguir:

a) a tabela unificada de assuntos processuais poderá ser complementada pelos tribunais a partir do último nível (detalhamento), com encaminhamento dos assuntos incluídos ao CNJ para análise de adequação e eventual aproveitamento na tabela nacional.

b) a tabela unificada de classes processuais poderá ser alterada ou complementada pelos tribunais sem anuência prévia e expressa do CNJ.

c) o CNJ desenvolverá um sistema para os tribunais a fim de possibilitar a migração automática das classes e assuntos dos processos, inclusive dos já arquivados (baixados).

d) é obrigatório o cadastramento de classes e assuntos da Tabela Unificada nos processos que, na data da implantação, estejam arquivados (baixados).

e) a obrigatoriedade de se cadastrarem os processos ajuizados (processos novos) de acordo com as tabelas unificadas de classes e assuntos processuais se dará seis meses depois da data de implantação.

Resultado: A

Diante da clarividente importância do tema, segue a integra a Resolução n.º 46/2007 do CNJ que instituiu a implantação das tabelas processuais unificadas:

> "Art. 1º Ficam criadas as Tabelas Processuais Unificadas do Poder Judiciário, objetivando a padronização e uniformização taxonômica e terminológica de classes, assuntos e movimentação processuais no âmbito da Justiça Estadual, Federal, do Trabalho, Eleitoral, Militar da União, Militar dos Estados e do Superior Tribunal de Justiça, a serem empregadas em sistemas processuais, cujo conteúdo, disponível no Portal do Conselho Nacional de Justiça (www.cnj.jus.br), integra a presente Resolução. (Redação dada pelo Plenário do Conselho Nacional de Justiça, na 103ª Sessão Ordinária, de 20 de abril de 2010, no julgamento do processo Ato Normativo 0002725-40.2010.2.00.0000)
>
> Art. 2º Os Tribunais de Justiça dos Estados e do Distrito Federal, os Tribunais Regionais Federais, os Tribunais do Trabalho e o Superior Tribunal de Justiça deverão adaptar os seus sistemas internos e concluir a implantação das Tabelas Processuais Unificadas do Poder Judiciário até o dia 30 de setembro de 2008, observado o disposto na presente Resolução.
>
> § 1º As Tabelas Processuais Unificadas deverão ser consideradas nos critérios de coleta de dados estatísticos, conforme regulamentação específica a ser expedida.

§ 2º O Conselho Nacional de Justiça elaborará Manual das Tabelas Processuais Unificadas do Poder Judiciário com o objetivo de orientar a sua utilização e sanar eventuais dúvidas dos usuários.

§ 3º Os Tribunais Eleitorais, os Tribunais de Justiça Militar Estaduais e o Superior Tribunal Militar deverão adaptar os seus sistemas internos e concluir a implantação das Tabelas Processuais Unificadas do Poder Judiciário até o dia 31 de dezembro de 2010, observado o disposto na presente Resolução. (Incluído pelo Plenário do Conselho Nacional de Justiça, na 103ª Sessão Ordinária, de 20 de abril de 2010, no julgamento do processo Ato Normativo 0002725-40.2010.2.00.0000)

Art. 3º A partir da data da implantação, todos os processos ajuizados (processos novos), antes de distribuídos, deverão ser cadastrados de acordo com as tabelas unificadas de classes e assuntos processuais.

§ 1º Para o fim previsto no caput, também são considerados processos novos os recebidos em grau de recurso pelos tribunais a partir da data da implantação.

§ 2º Faculta-se o cadastramento de classes e assuntos da Tabela Unificada nos processos que, na data da implantação, estejam arquivados (baixados) ou, embora em tramitação, não forem objeto de recurso externo.

§ 3º Os tribunais, observadas as condições tecnológicas, desenvolverão os seus sistemas internos a fim de possibilitar a migração automática das classes e assuntos dos processos, inclusive dos já arquivados (baixados).

§ 4º Nas hipóteses dos parágrafos anteriores, o cadastramento das classes e assuntos da Tabela Unificada preservará a possibilidade de consulta aos registros originais.

Art. 4º A partir da data da implantação, todos os andamentos processuais lançados nos processos em tramitação (não-baixados) deverão observar a tabela unificada de movimentos processuais.

§ 1º Não há obrigatoriedade de reclassificação ou adaptação (migração) dos movimentos lançados até a data da implantação. Em havendo a migração, deverá ser preservada a possibilidade de consulta aos movimentos originais.

§ 2º Os sistemas dos tribunais deverão possibilitar a identificação do magistrado ou órgão julgados responsável pelo despacho, decisão, sentença ou acórdão que ensejou a movimentação processual.

Art. 5º As Tabelas Processuais Unificadas do Poder Judiciário serão continuamente aperfeiçoadas pelo Conselho Nacional de Justiça, em conjunto com os demais órgãos do Poder Judiciário, utilizando-se, preferencialmente, sistema eletrônico de gestão que permita, dentre outros, o encaminhamento de dúvidas, sugestões e a comunicação das novas versões ou das alterações promovidas.

§ 1º A tabela unificada de classes processuais não poderá ser alterada ou complementada pelos tribunais sem anuência prévia e expressa do Conselho Nacional de Justiça.

§ 2º A tabela unificada de assuntos processuais poderá ser complementada pelos tribunais a partir do último nível (detalhamento), com encaminhamento dos assuntos incluídos ao Conselho Nacional de Justiça para análise de adequação e eventual aproveitamento na tabela nacional.

§ 3º A tabela unificada de movimentos, composta precipuamente por andamentos processuais relevantes à extração de informações gerenciais, pode ser complementada pelos tribunais com outros movimentos que entendam necessários, observando-se que:

a) os movimentos devem refletir o andamento processual ocorrido e não a mera expectativa de movimento futuro;

b) a relação dos movimentos acrescidos deverá ser encaminhada ao Conselho Nacional de Justiça para análise de adequação e eventual aproveitamento na tabela nacional.

Art. 6º O cadastramento de partes nos processos deverá ser realizado, prioritariamente, pelo nome ou razão social constante do cadastro de pessoas físicas ou jurídicas perante a Secretaria da Receita Federal do Brasil, mediante alimentação automática, observados os convênios e condições tecnológicas disponíveis.

§ 1º Na impossibilidade de cumprimento da previsão do caput, deverão ser cadastrados o nome ou razão social informada na petição inicial, vedado o uso de abreviaturas, e outros dados necessários à precisa identificação das partes (RG, título de eleitor, nome da mãe etc), sem prejuízo de posterior adequação à denominação constante do cadastro de pessoas físicas ou jurídicas perante a Secretaria da Receita Federal do Brasil (CPF/CNPJ).

§ 2º Para cadastramento de advogados nos sistemas internos dos tribunais poderá ser utilizada a base de dados do Cadastro Nacional dos Advogados da Ordem dos Advogados do Brasil.

Art. 7º A administração e a gerência das Tabelas Processuais Unificadas do Poder Judiciário caberão ao Comitê Gestor a ser instituído e regulamentado pela Presidência do Conselho Nacional de Justiça.

Parágrafo único. Os órgãos do Poder Judiciário poderão instituir Grupos Gestores com vistas à administração e gerência da implantação, manutenção e aperfeiçoamento das tabelas processuais no âmbito de sua atuação, facultada a delegação de tais atribuições às respectivas Corregedorias.

Art. 8º Os tribunais descritos no artigo 2º deverão, até o dia 31 de março de 2008 e, após, a cada 60 dias, informar ao Conselho Nacional de Justiça as providências adotadas para a implantação das Tabelas Processuais Unificadas, com encaminhamento de cronograma e descrição das etapas cumpridas.

Art. 9º Esta Resolução entra em vigor na data de sua publicação."

Ultrapassado os esclarecimentos quanto à Resolução n.º 46/2007, retornamos ao estudo dos artigos da Lei n.º 11.419/2006.

"**Art. 16. Os livros cartorários** e demais repositórios dos órgãos do Poder Judiciário poderão ser **gerados e armazenados em meio totalmente eletrônico.**"

1. Interpretando a Lei n.º 11.419/2006 conjugada com a Constituição Federal/88, temos como clara a previsão judicial de que além de não depender de nenhuma autorização para tanto, a lei autoriza que os livros sejam gerados e armazenados em modo eletrônico.

→ **Aplicação em Concurso**

- *Magistrado TJSC/2008 FEPESE*

Pretendendo modernizar o seu ofício imobiliário, o Registrador empreende a substituição do Livro 2 – Matrícula – por modernos sistemas de bases de dados computacionais. Pretende agora firmar todos os atos de registro e averbação com sua assinatura digital. **Pergunta-se**: A iniciativa do moderno registrador conta com base legal?

a) Sim. A Lei 8.935, em seu art. 419, autoriza a prática de todos os atos legalmente previstos podendo, para tanto, adotar sistemas de computação e outros meios de reprodução. Com base na MP 2.200-2, de 2001 (art. 10)10, os documentos eletrônicos públicos estão equiparados aos seus homólogos em papel e o uso da assinatura eletrônica regulamentado.

b) Sim. A Lei 6.015, de 1973, prevê, em seu art. 25, que "os papéis referentes ao serviço do registro serão arquivados em cartório mediante a utilização de processos racionais que facilitem as buscas, ***facultada a utilização*** *de microfilmagem* ***e de outros meios de reprodução***". A conjugação de tal dispositivo com o art. 41 da Lei 8.935, de 199411, faculta ao Registrador, independentemente de autorização, proceder à modernização de seus livros.

c) Sim. Conjugando-se os dispositivos legais indicados nas respostas anteriores e combinando-os com o disposto no art. 103-B, § 4º, da EC 45, e art. 16 da Lei 11.419, de 2007, que prevê que "os livros cartorários e demais repositórios dos órgãos do Poder Judiciário poderão ser gerados e armazenados em meio totalmente eletrônico", ao Registrador é facultada a criação do fólio real eletrônico, bastando, tão-somente, autorização do Juízo Corregedor-Permanente.

d) Sim. Conjugando-se os dispositivos legais indicados nas respostas anteriores e combinando-os com o disposto no art. 103-B, § 4º, da EC 45, e art. 16 da Lei 11.419, de 2007, que prevê que "os livros cartorários e demais repositórios dos órgãos do Poder Judiciário poderão ser gerados e armazenados em meio totalmente eletrônico", ao Registrador é facultada a criação do fólio real eletrônico, independente de autorização do Juízo Corregedor-Permanente competente.

e) Não. Compete privativamente à União legislar sobre Registros Públicos (art. 22, XXV, CF/1988) e somente com base em lei federal que disponha sobre aspectos formais do Registro, poderá o Registrador substituir o Livro 2 pelo fólio real eletrônico.

Resposta: D

Art. 17. (VETADO)

Art. 18. Os órgãos do Poder Judiciário regulamentarão esta Lei, no que couber, no âmbito de suas respectivas competências.

Art. 19. Ficam convalidados os atos processuais praticados por meio eletrônico até a data de publicação desta Lei, desde que tenham atingido sua finalidade e não tenha havido prejuízo para as partes.

Art. 20. A Lei nº 5.869, de 11 de janeiro de 1973 – Código de Processo Civil, passa a vigorar com as seguintes alterações:

"Art. 38. ....

Parágrafo único. A procuração pode ser assinada digitalmente com base em certificado emitido por Autoridade Certificadora credenciada, na forma da lei específica." (NR) [ver art. 105, § 1.º, do Novo CPC]

1. **A procuração e o Processo Eletrônico:** Assim como todos os demais documentos eletrônicos, as procurações também precisam estar eletronicamente assinadas pelo signatário.

→ Aplicação em Concurso

- *UPENET – 2012 – PGE-PE – Advogado*

Assinale a assertiva INCORRETA.

a) Dispõe o CPC que a procuração pode ser assinada digitalmente, com base em certificado emitido por Autoridade Certificadora credenciada, na forma da lei específica.

b) Há litisconsórcio necessário, quando, por disposição de lei ou pela natureza da relação jurídica, o juiz tiver de decidir a lide de modo uniforme, para todas as partes; caso em que a eficácia da sentença dependerá da citação de todos os litisconsortes no processo.

c) Quando a lei considerar obrigatória a intervenção do Ministério Público, a parte promover-lhe-á a intimação sob pena de nulidade do processo.

d) Contra o revel que não tenha patrono nos autos, não correrão os prazos, devendo este ser intimado a partir da publicação de cada ato decisório.

e) Não dependem de prova os fatos notórios.

Resposta: D

2. **O processo eletrônico e a revelia:** A questão "A", relacionada aos artigos em estudo, está correta. A resposta errada é a letra "D". Art. 346 do Novo CPC: "Os prazos contra o revel que não tenha patrono nos autos fluirão da data de publicação do ato decisório no órgão oficial".

"Art. 154...

Parágrafo único. (Vetado). (VETADO)

§ 2º Todos os atos e termos do processo podem ser produzidos, transmitidos, armazenados e assinados por meio eletrônico, na forma da lei." [v. art. 188 do Novo CPC]

1. Os tribunais poderão movimentar, publicar, e realizar toda a sua produção documental também eletronicamente.

→ **Aplicação em Concurso**

- **TJSC – FEPESE – 2011 Analista Judiciário**

Relativamente aos atos processuais conforme consta no Título V, Capítulo I, Da Forma dos Atos Processuais, Seção I Dos Atos em Geral da Lei no 5.869, de 11 de janeiro de 1973, leia as assertivas abaixo e marque a resposta CORRETA:

I. Os atos e termos processuais não dependem de forma determinada senão quando a lei expressamente a exigir, reputando-se válidos os que, realizados de outro modo, lhe preencham a finalidade essencial;

II. Alguns atos e termos do processo podem ser produzidos, transmitidos, armazenados e assinados por meio eletrônico, na forma da lei;

III. O direito de consultar os autos e de pedir certidões de seus atos é livre às partes a seus procuradores e a terceiro, que demonstrar interesse jurídico; todos entretanto, devem requerer ao juiz;

IV. Poderá ser junto aos autos documento redigido em língua estrangeira, desde que acompanhado de versão traduzida em vernáculo.

a) Todas as assertivas são verdadeiras.

b) Somente as assertivas I e III são verdadeiras.

c) As assertivas I, II e IV são falsas.

d) Somente a assertiva I é verdadeira.

Resposta: D.

2. **A forma dos atos processuais:** O item II é o relativo à modificação em estudo. A resposta para a questão está na literalidade do art. 193 do Novo CPC.

3. **Os atos e sua essencialidade:** A essencialidade dos atos encontra-se amparada no art. 154 do CPC: "Os atos e termos processuais não dependem de forma determinada senão quando a lei expressamente a exigir, reputando-se válidos os que, realizados de outro modo, lhe preencham a finalidade essencial".

> Art. 164. ....
>
> Parágrafo único. A assinatura dos juízes, em todos os graus de jurisdição, pode ser feita eletronicamente, na forma da lei." (NR) [v. art. 205, § 2.º, do Novo CPC]

1. Os Tribunais providenciarão assinatura eletrônica para todos os Magistrados, para que assim a assinatura de todos os expedientes também seja totalmente eletrônica.

→ **Aplicação em Concurso**

- *CESPE TRT12 2012 – Analista*

  A assinatura dos juízes, em todos os graus de jurisdição, pode ser feita eletronicamente.

  Resposta: Certo.

"Art. 169. ....

§ 1º É vedado usar abreviaturas.

§ 2º Quando se tratar de **processo total ou parcialmente eletrônico, os atos processuais praticados na presença do juiz poderão ser produzidos e armazenados de modo integralmente digital em arquivo eletrônico inviolável**, na forma da lei, mediante registro em termo que será assinado digitalmente pelo juiz e pelo escrivão ou chefe de secretaria, bem como pelos advogados das partes. [v. art. 209, § 1º, do Novo CPC]

§ 3º No caso do § 2º deste artigo, **eventuais contradições na transcrição deverão ser suscitadas oralmente no momento da realização do ato, sob pena de preclusão, devendo o juiz decidir de plano, registrando-se a alegação e a decisão no termo."** [v. art. 209, § 2º, do Novo CPC]

1. **Os atos presenciais:** O processo eletrônico não extingue a possibilidade de que atos físicos sejam praticados, como a sustentação oral, audiências, etc. Observe-se, porém, que quando encerrados serão transformados em mídia digital e incluídos no processo.
2. **Os termos e as contradições:** Caso hajam contradições nos termos lavrados para a juntada das mídias digitais, somente serão aceitas as arguições realizadas no momento da realização do ato.

→ Aplicação em Concurso

- *FCC – 2011 – TRF – 1ª REGIÃO – Analista Judiciário – Execução de Mandados*

Quando se tratar de processo total ou parcialmente eletrônico, os atos processuais praticados na presença do juiz poderão ser produzidos e armazenados de modo integralmente digital em arquivo eletrônico inviolável, na forma da lei, mediante registro em termo que será assinado digitalmente pelo juiz e pelo escrivão ou chefe de secretaria, bem como pelos advogados das partes. Eventuais contradições na transcrição deverão ser suscitadas:

a) oralmente no momento da realização do ato, registrando-se a alegação, devendo o juiz decidir no prazo de cinco dias, sendo as partes intimadas desta decisão.

b) oralmente no momento da realização do ato, registrando-se a alegação, devendo o juiz decidir no prazo de quarenta e oito horas, sendo as partes intimadas desta decisão.

c) oralmente no momento da realização do ato, sob pena de preclusão, devendo o juiz decidir de plano, registrando-se a alegação e a decisão no termo.

d) oralmente no momento da realização do ato, devendo ser as razões da contradição feitas por escrito no prazo de cinco dias e o juiz decidir no prazo de quarenta e oito horas, sendo as partes intimadas desta decisão.

e) por escrito no prazo de vinte e quatro horas, sob pena de preclusão, devendo o juiz decidir no prazo de cinco dias, sendo as partes intimadas desta decisão.

Resposta: C

3. **O registro das contradições:** Literalidade do § 2.º do art. 209 do Novo CPC: "(...) eventuais contradições na transcrição deverão ser suscitadas oralmente no momento de realização do ato, sob pena de preclusão, devendo o juiz decidir de plano e ordenar o registro, no termo, da alegação e da decisão."

→ **Aplicação em Concurso**

- *MPE-MG – 2014 – MPE-MG – Promotor de Justiça*

Sobre o processo eletrônico, é **INCORRETO** afirmar:

a) A distribuição da petição inicial e a juntada da contestação, dos recursos e das petições em geral, todos em formato digital, nos autos de processo eletrônico, podem ser feitas diretamente pelos advogados públicos e privados, sem necessidade da intervenção do cartório ou secretaria judicial, situação em que a autuação deverá se dar de forma automática, fornecendo-se recibo eletrônico de protocolo.

b) Quando se tratar de processo total ou parcialmente eletrônico, os atos processuais praticados na presença do juiz poderão ser produzidos e armazenados de modo integralmente digital em arquivo eletrônico inviolável, na forma da lei, independente de registro.

c) Os votos, acórdãos e demais atos processuais podem ser registrados em arquivo eletrônico inviolável e assinados eletronicamente, na forma da lei, devendo ser impressos para juntada aos autos do processo quando este não for eletrônico.

d) A carta de ordem, carta precatória ou carta rogatória pode ser expedida por meio eletrônico, situação em que a assinatura do juiz deverá ser eletrônica, na forma da lei.

Resposta: B

4. **O registro dos atos processuais:** A alternativa 'B' está incorreta, pois de acordo com o § 1.º do art. 209 do Novo CPC, será necessário registro em termo que será assinado digitalmente pelo juiz e pelo escrivão ou chefe de secretaria, bem como pelos advogados das partes.

"Art. 202. ....

....

§ 3º A carta de ordem, carta precatória ou carta rogatória pode ser expedida por meio eletrônico, situação em que a assinatura do juiz deverá ser eletrônica, na forma da lei." (NR) [v. art. 263 do Novo CPC]

1. **As cartas e sua tramitação:** Somente poderão ser expedidas cartas em formato eletrônico, caso sua tramitação e sua assinatura também ocorra em formato eletrônico, caso contrário deverá ser impressa e tramitada fisicamente.

→ **Aplicação em Concurso**

- *FCC – 2012 – TRF – 2ª REGIÃO – Técnico Judiciário – Área Administrativa*

Pode ser expedida por meio eletrônico, com assinatura eletrônica do juiz, na forma da lei:

a) somente a carta precatória e a carta rogatória.
b) somente a carta de ordem e a carta precatória.
c) a carta de ordem, a carta precatória e a carta rogatória.
d) somente a carta precatória.
e) somente a carta de ordem.

Resposta: C

2. **A devolução da carta cumprida:** A resposta do item I está na literalidade do art. 268 do Novo CPC: "Cumprida a carta, será devolvida ao juízo de origem,**no prazo de 10 (dez) dias**, independentemente de traslado, pagas as custas pela parte." .
3. **Das cartas itinerantes:** A Alternativa II está correta, conforme o art. 262 do Novo CPC, em sua íntegra: "A carta tem caráter itinerante, podendo, antes ou depois de lhe ser ordenado o cumprimento, ser encaminhada a juízo diverso do que dela consta, a fim de se praticar o ato."
4. **Do Exame Pericial:** A opção III está incorreta, conforme o disposto no art. 260, § 2.º, do Novo CPC: "Quando o objeto da carta for exame pericial sobre documento,**este será remetido em original**, ficando nos autos reprodução fotográfica."

"Art. 221. ....

....

IV – por meio eletrônico, conforme regulado em lei própria." (NR) [v. art. 246, V, do Novo CPC]

"Art. 237. ....

Parágrafo único. As intimações podem ser feitas de forma eletrônica, conforme regulado em lei própria." (NR) [v. art. 270, caput, do Novo CPC]

"Art. 365. ....

....

V – os extratos digitais de bancos de dados, públicos e privados, desde que atestado pelo seu emitente, sob as penas da lei, que as informações conferem com o que consta na origem;

VI – as reproduções digitalizadas de qualquer documento, público ou particular, quando juntados aos autos pelos órgãos da Justiça e seus auxiliares, pelo Ministério Público e seus auxiliares, pelas procuradorias, pelas repartições públicas em geral e por advogados públicos ou privados, ressalvada a alegação motivada e fundamentada de adulteração antes ou durante o processo de digitalização.

§ 1º Os originais dos documentos digitalizados, mencionados no inciso VI do **caput** deste artigo, deverão ser preservados pelo seu detentor até o final do prazo para interposição de ação rescisória.

§ 2º Tratando-se de cópia digital de título executivo extrajudicial ou outro documento relevante à instrução do processo, o juiz poderá determinar o seu depósito em cartório ou secretaria." [v. art. 425, V, VI, §§ 1.º e 2º, do Novo CPC]

1. **A cópia do Título Executivo:** No caso de cópia digital de título executivo extrajudicial ou outro documento relevante à instrução do processo, o Juiz poderá determinar que seja feito o seu depósito em cartório ou em secretaria. Todavia, essa faculdade não diz respeito à instrução de processo de execução, onde se deve juntar somente o título original, conforme determina a lei e a jurisprudência, com fulcro na circulabilidade daquele.

▶ STJ e os Extratos Digitais

"PROCESSUAL CIVIL E TRIBUTÁRIO. AGRAVO REGIMENTAL NO AGRAVO DEINSTRUMENTO. EXECUÇÃO FISCAL. PRESCRIÇÃO. PARCELAMENTO ALEGADO PELA FAZENDA MUNICIPAL. COMPROVAÇÃO MEDIANTE EXTRATO DE BANCO DE DADOS.ACÓRDÃO RECORRIDO QUE AFIRMA QUE O DOCUMENTO NÃO CONTÉMAUTENTICAÇÃO. VIOLAÇÃO DO ART. 535 DO CPC. NÃO OCORRÊNCIA. APELONOBRE FUNDADO NO ART. 365, VI, DO CPC. FUNDAMENTAÇÃO DEFICIENTE.SÚMULA 284/STF. REVISÃO DE PROVA. IMPOSSIBILIDADE. SÚMULA 7/STJ. (...) Para ser considerado como elemento de prova, o extrato de banco de dados, conforme dispõe o inciso V do art. 365 do CPC, deve ser atestado pelo seu emitente. No caso dos autos, todavia, o acórdão recorrido consignou que o documento em questão nada prova, pois é"apócrifo (...), sem assinatura, sem timbre, sem autenticação (...)". 4. O presente o recurso especial, entretanto, finca-se em hipótese normativa distinta, contida no inciso VI do mesmo artigo de lei (concernente a documentos digitalizados), o que denota a deficiência de sua fundamentação, a ensejar a aplicação do óbice contido na Súmula 284/STF." (AgRg no Ag 1357301/MG, Rel. Ministro BENEDITO GONÇALVES, PRIMEIRA TURMA, julgado em 13/03/2012, DJe 15/03/2012)

2. **Os extratos digitais e o ateste:** Para que seja considerado verdadeiro, qualquer extrato digital de banco de dados precisa obrigatoriamente ser atestado, sendo portanto necessário assinatura, carimbo, timbre, elementos que comprovem sua autenticidade.

→ **Aplicação em Concurso**

- *CESGRANRIO – 2007 – EPE – Advogado Júnior*

Fazem a mesma prova que os originais:

I – as reproduções dos documentos públicos, independente de autenticação por oficial público;

II – as cópias reprográficas de peças do próprio processo judicial declaradas autênticas pelo próprio advogado, sob sua responsabilidade pessoal, se não lhes for impugnada a autenticidade;

III – os extratos digitais de bancos de dados, públicos e privados, desde que atestado pelo seu emitente, sob as penas da lei, que as informações conferem com o que consta na origem;

IV – as reproduções digitalizadas de fotografias tiradas por fotógrafo devidamente credenciado junto ao Tribunal de origem.

Estão corretos os itens:

Resposta: Estão corretos os itens II e III, visto trazerem, respectivamente, à baila os incisos III e V do art. 365 do CPC, artigo este que foi modificado pela Lei do Processo Eletrônico.

"Art. 399. ....

§ 1º Recebidos os autos, o juiz mandará extrair, no prazo máximo e improrrogável de 30 (trinta) dias, certidões ou reproduções fotográficas das peças indicadas pelas partes ou de ofício; findo o prazo, devolverá os autos à repartição de origem.

§ 2º As repartições públicas poderão fornecer todos os documentos em meio eletrônico conforme disposto em lei, certificando, pelo mesmo meio, que se trata de extrato fiel do que consta em seu banco de dados ou do documento digitalizado." (NR) [v. art. 438, §§ 1.º e 2º, do Novo CPC]

1. **Os Documentos e a Certificação:** Qualquer documento público e/ou partes de processos de outra origem, somente terão validade se devidamente certificados.

> "Art. 417..
>
> § 1º O depoimento será passado para a versão datilográfica quando houver recurso da sentença ou noutros casos, quando o juiz o determinar, de ofício ou a requerimento da parte.
>
> § 2º Tratando-se de processo eletrônico, observar-se-á o disposto nos §§ 2º e 3º do art. 169 desta Lei." (NR) [v. art. 460 do Novo CPC]

1. **Processo de "Degravação":** Nos Tribunais em que as audiências e depoimento já funcionem eletronicamente, é importante a utilização de recursos de "degravação", para que não seja necessário todo o processo de datilografia. A "degravação" trata-se de um procedimento automático de tornar físico (digitado) todo o áudio de um arquivo digital.

> "Art. 457. ....
>
> ....
>
> § 4º Tratando-se de processo eletrônico, observar-se-á o disposto nos §§ 2º e 3º do art. 169 desta Lei." (NR) [v. art. 367, § 4º, do Novo CPC]
>
> "Art. 556. ....
>
> Parágrafo único. Os votos, acórdãos e demais atos processuais podem ser registrados em arquivo eletrônico inviolável e assinados eletronicamente, na forma da lei, devendo ser impressos para juntada aos autos do processo quando este não for eletrônico." (NR) [v. art. 943 do Novo CPC]
>
> **Art. 21.** (VETADO)
>
> **Art. 22.** Esta Lei entra em vigor 90 (noventa) dias depois de sua publicação.

1. **Vigência da Lei 11.419/06** Vale informar, por fim, que embora publicada no final de 2006, a Lei n.º 11.419 apenas entrou em vigor apenas no dia 19/03/2007 (STJ, AgRg no AREsp 418.019/RJ, Rel. Ministro MARCO BUZZI, QUARTA TURMA, julgado em 17/12/2013, DJe 04/02/2014).

Referências

ALMEIDA FILHO, JCA. **Processo eletrônico e teoria geral do processo eletrônico. A informatização judicial no Brasil.** 3ª ed.Rio de Janeiro: Forense, 2010.

ARONNE, BC. **O impacto da informatização judicial sobre os princípios do Processo Civil.** Disponível em: http://www.redp.com.br/arquivos/redp_2a_edicao_rj.pdf.

BAIOCCO, E. **A introdução de novas tecnologias como forma de racionalizar a prestação jurisdicional: perspectivas e desafios. Dissertação apresentada ao Programa de Pós-Graduação em Direito, como requisito parcial à obtenção do grau de Mestre em Direito no Setor de Ciências Jurídicas da Universidade Federal do Paraná.** Disponível em: http://dspace. c3sl.ufpr.br/dspace/bitstream/handle/1884/27134/ UFPR%20-%20Dissertacao%20Elton%20Baiocco. pdf?sequence=1.

BRASIL. Conselho Nacional de Justiça. **Lançamento do Processo Judicial Eletrônico (PJe)**. 2011. Disponível em: http://www.cnj.jus. br/programas-de-a-a-z/sistemas/processo-judicial-eletronico-pje.

BRASIL. Constituição (1988). **Constituição da República Federativa do Brasil**. Brasília, DF: Senado 1988.

BRASIL. Instituto Nacional de Tecnologia da Informação. **Infraestrutura de Chaves Públicas Brasileira (ICP-BRASIL)**, 2001. Disponível em: http://www.iti.gov.br/icp-brasil/o-que-e.

BRASIL. **Lei n. 11.419, de 19 de dezembro de 2006**. (Dispõe sobre a informatização do processo judicial; altera a Lei no 5.869, de 11 de janeiro de 1973 – Código de Processo Civil; e dá outras providências) Disponível em: http://www.planalto. gov.br/ccivil_03/_ato2004-2006/2006/lei/l11419. htm.

BRASIL. Superior Tribunal de Justiça – i-STJ. **Programa Processo Eletrônico, STJ na Era Virtual v0.1.** 2010. Disponível em: http://istj.stj.jus. br/istj/documents/16.

BRASIL. Supremo Tribunal Federal. **Programa Processo Eletrônico. O Supremo em Sintonia com o Futuro 2012.** Disponível em: http://www. stf.jus.br/portal/cms/verTexto.asp?servico=proces soPeticaoEletronica&pagina=Informacoes_gerais_ apos_desligamento_v1.

CALMON, P. **Comentários à lei de informatização do processo judicial.** Rio de Janeiro: Forense, 2007.

CHAVES JUNIOR, JER. **Comentários à Lei do Processo Eletrônico.** São Paulo: Editora LTR, 2010.

CLEMENTINO, EB. **Processo judicial eletrônico.** Curitiba: Juruá, 2007.

DANTAS NETO, RM. **Autos virtuais: o novo layout do processo judicial brasileiro.** Revista de Processo, vol. 194, p. 173. Abr/2011. DTR\2011\1339. RT online.

MACHADO, HL. **Processo Judicial Eletrônico.** Revista do Tribunal Regional do Trabalho da 13ª Região – João Pessoa: Paraíba. v. 17 nº 1, 2010.

OLIVEIRA, AV. **Processo virtual e morosidade real**. Consulex. Revista Jurídica, Brasília, v. 12, nº 272, p. 40-41, maio 2008.

OLIVEIRA, TM; FREIRE, GMCA. **O processo eletrônico no Superior Tribunal de Justiça (STJ): análise da tempestividade das tutelas de consumo.** Revista Democracia Digital e Governo Eletrônico (ISSN 2175-9391), nº 7, p. 48-74, 2012. Disponível em: <http://buscalegis.ufsc.br/revistas/ index.php/observatoriodoegov/article/view/34199>.

[illegible] no dia seguinte ao da disponibilização da [illegible] Justiça Eletrônico, mesmo que se dê em dia não [illegible] dos processos digitais.